Assistantes « Pro »

Quatre missions :
– Accueillir
– Gérer l'information
– Communiquer
– Organiser

Éditions d'Organisation
Groupe Eyrolles
61, boulevard Saint-Germain
75240 Paris Cedex 05
www.editions-organisation.com
www.editions-eyrolles.com

© Groupe Eyrolles, 1995, 1998, 2001, 2005, 2008
ISBN : 978-2-212-54053-6

Geneviève **Bercovici**   Christine **Harache**

Assistantes « Pro »

Quatre missions :
– Accueillir
– Gérer l'information
– Communiquer
– Organiser

Cinquième édition

EYROLLES
Éditions d'Organisation

Table des matières

Introduction

S'il est un métier qui a connu des évolutions importantes et qui a su s'adapter aux changements, c'est bien celui de secrétaire. Voué à une disparition prochaine lors de l'introduction de la bureautique dans les années 80, il a, au contraire, à cette époque, renforcé ses effectifs. Les assistantes ont relevé le défi de la technique et se sont emparées de l'ordinateur et des technologies de l'information. Parallèlement, on est passé en peu d'années d'une organisation majoritairement fondée sur le fameux binôme patron/secrétaire à une organisation majoritairement basée sur la configuration « une assistante au service d'une équipe de cadres ». Tout un ensemble de qualités et compétences sont aujourd'hui requises : autonomie, esprit d'initiative et d'anticipation, affirmation de soi, maîtrise de la communication écrite et orale, organisation, gestion de l'information. Quel programme ! Ce livre a pour objectif de vous aider à évoluer dans votre carrière en renforçant vos savoir-faire multiples.

Nous avons abordé votre métier sous l'aspect des grandes missions permettant la maîtrise du poste.

En effet, la vie professionnelle d'une secrétaire/assistante est faite d'une multitude de petites tâches qui ne trouvent leur sens que rattachées à ces missions.

Elles sont au nombre de quatre :
– l'accueil,
– la gestion de l'information,
– la communication,
– l'organisation.

L'accueil : véhicule de l'image de marque de l'entreprise, il doit être l'affaire de tous. Toutefois la secrétaire, qui est au centre du service, a dans ce domaine un rôle prépondérant.

La gestion de l'information : vous trouverez dans ce chapitre tout ce qui concerne le classement, l'archivage, la documentation et la réalisation des tableaux de bord. Quelles que soient leurs formes, vous êtes le pivot, le point de passage obligé de toutes les informations du service. Vous ajouterez une plus-value à votre poste, si vous ne jouez pas le simple rôle de « courroie de transmission ».

La communication : la maîtrise de l'outil téléphone en situation profession-nelle, ainsi que de la rédaction de courriers et comptes rendus sont les deux aspects développés dans ce thème.

L'organisation : une réflexion sur la notion de temps, suivie de conseils concrets sur les méthodes et outils constituent la première partie de ce cha-pitre. Le travail en équipe, nouvelle structure du secrétariat, est traité ensui-te, ainsi que l'organisation de voyages et de réunions.

ENTRETIEN

ASSISTANTES « PRO » : Elisabeth Durand-Mirtain, vous êtes active au sein de l'association EUMA, l'association des secrétaires de direction européennes, depuis plusieurs années, présidente France puis vice-présidente Europe et aujourd'hui responsable des relations extérieures, pouvez-vous nous en dire plus ?

ELISABETH DURAND-MIRTAIN : Plus qu'une association, EUMA est un réseau actif et ouvert qui a pour vocation première d'aider les assistant(e)s membres à faire face à toutes les évolutions des métiers de secrétaire et d'assistant(e) et à leur donner les pistes nécessaires à cette évolution. EUMA réunit environ 1 700 membres dans 26 pays d'Europe et compte aussi en son sein des associations dans le monde entier, comme l'IAAP (International Association of Administrative Professionals) aux USA. Un de nos objectifs est de promouvoir les métiers de secrétaire et d'assistant(e) et d'en être le porte-parole auprès des entreprises, des organismes de formation, des écoles et des médias. Nous visons également à contribuer à l'évolution professionnelle de nos membres par le biais de formations, forums et conférences professionnels, au niveau international.

ASSISTANTES « PRO » : Vous êtes en contact avec de nombreuses entreprises, comment définiriez-vous leurs attentes actuelles vis-à-vis des secrétaires et des assistant(e)s ?

ELISABETH DURAND-MIRTAIN : Les attentes des entreprises sont en nette évolution, d'une part en termes de compétences techniques et d'autre part de qualités personnelles et comportementales. Parmi les compétences techniques, outre les « classiques » du secrétariat, citons la maîtrise des TIC (technologies de l'information et de la communication) et la capacité de travailler au sein de groupes de travail virtuels, ainsi que la maîtrise de l'anglais et la capacité à travailler dans un environnement multiculturel. De nombreuses qualités sont également attendues : ouverture d'esprit, proactivité, anticipation, esprit d'équipe et coopération.

ASSISTANTES « PRO » : Et les secrétaires, quelles sont leurs attentes vis-à-vis de leur manager et plus globalement de leur entreprise ?

ELISABETH DURAND-MIRTAIN : La plupart des secrétaires attendent de leur poste un réel épanouissement professionnel et personnel. Cela signifie un travail intéressant dans lequel elles(ils) s'impliquent et des responsabilités. Il faut noter l'existence fréquente d'un décalage entre le discours officiel et les exigences à l'embauche d'un côté et la réalité du quotidien de l'autre. Par exemple, on embauche une secrétaire parfaitement bilingue dont on profitera peu des compétences ! Mais, aujourd'hui, les secrétaires et assistant(e)s attendent encore une reconnaissance concrète et plus nette de leur valeur et de l'étendue de leur fonction.

ASSISTANTES « PRO » : Pensez-vous les secrétaires prêtes aux évolutions qu'on attend d'elles ?

ELISABETH DURAND-MIRTAIN : Lors d'une conférence EUMA, un journal italien titrait son article : « Les secrétaires européennes sont prêtes pour le futur.» Nous pensons que c'est vrai. Elles ont prouvé qu'elles avaient su s'adapter à la mouvance du monde du travail et aux nombreuses évolutions. Et même si elles sont encore inquiètes, elles(ils) ne sont pas opposé(e)s à l'idée de repenser encore leur fonction. Elles ont pris en main leur métier pour le valoriser. Grâce à cela, elles ont de moins en moins le sentiment d'être mal comprises.

ASSISTANTES « PRO » : L'image classique de la secrétaire ne peut-elle pas freiner cette évolution ?

ELISABETH DURAND-MIRTAIN : Le métier a passé la barrière de la mauvaise image qui était parfois la sienne. Un peu partout, les mentalités évoluent. La généralisation des réseaux, notamment, donne à la secrétaire l'occasion d'une insertion à part entière dans l'activité de l'équipe. Certes, beaucoup de responsables ne connaissent pas encore l'étendue des compétences des secrétaires. Mais nous parviendrons à les convaincre. L'évolution viendra des secrétaires elles-mêmes.

ASSISTANTES « PRO » : Si vous aviez trois conseils à donner à une débutante qui veut réussir dans ce métier, quels seraient-ils ?

ELISABETH DURAND-MIRTAIN : Tout d'abord, je lui conseillerais de s'investir dans son travail. Pour moi, il ne s'agit pas d'être secrétaire « en attendant » parce qu'on n'a pas réussi à faire autre chose. Le secrétariat est un vrai métier et c'est en le respectant nous-mêmes que nous amènerons les autres à le respecter.

Ensuite, je lui recommanderais de toujours privilégier l'ouverture d'esprit et le dialogue. Dialogue avec le manager pour savoir ce qu'il attend, dialogue pour exprimer ses souhaits et faire part des difficultés, dialogue avec les collègues, etc.

Enfin, il me semble important de toujours rester en veille, de chercher à diversifier son activité, à acquérir des compétences nouvelles ; en un mot à apprendre et se perfectionner continuellement pour répondre aux évolutions constantes du métier et de l'entreprise.

Première mission

ACCUEILLIR

L'image de marque de l'entreprise

L'accueil est dans beaucoup d'entreprises une fonction spécifique.

La standardiste a pour tâche principale l'accueil au téléphone, mais aussi « de visu » lorsque les clients externes viennent dans l'entreprise.

Les agents d'accueil, les hôtesses, les appariteurs, les guichetiers et les huissiers ont également pour rôle l'accueil des clients. Ils sont en général dans un lieu spécifique « accueil » et doivent écouter, renseigner, guider, expliquer et orienter les clients.

Toutefois, l'accueil n'est pas l'affaire de la seule hôtesse ou de la seule standardiste, l'accueil est l'affaire de tous. Il n'y pas de petit détail en cette matière. Par lui transitent aussi bien la communication, l'information que l'action commerciale et l'image de l'entreprise pour laquelle on travaille.

La secrétaire a pour mission d'accueillir ses clients internes (personnes d'autres services, d'autres usines, agences, filiales) et externes (clients, prospects, fournisseurs...).

« Accueillir : manière de **recevoir** quelqu'un et de **se comporter** avec lui quand on le reçoit », nous dit le Petit Robert.

Souvent, nous entendons les secrétaires, saturées de travail, nous dire : « Je ne peux pas me permettre de perdre du temps à discuter avec le client ; j'ai beaucoup de travail ; l'essentiel, c'est d'être efficace. »

Il est vrai qu'il faut être efficace, mais pas au détriment du client.

A quoi servent ces premières minutes qui ne paraissent pas toujours importantes et qui pourtant donnent la première impression, la première preuve de qualité ou non qualité des services rendus ?

Phase contact ou « les 5 premières minutes »

C'est dans les premières minutes que s'instaure un climat de sympathie ou d'antipathie. Cela va très vite, c'est souvent inexplicable, mais cette impression demeure.

On peut comparer l'homme à un iceberg

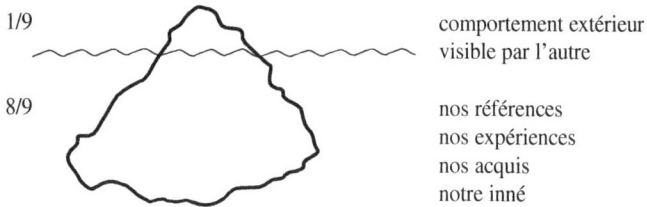

1/9 — comportement extérieur
visible par l'autre

8/9 — nos références
nos expériences
nos acquis
notre inné

Le premier regard, le premier bonjour sont analysés par les 8/9 de notre personnalité. En fonction de nos références antérieures, un climat de confiance va s'établir ou non. Ou bien ce premier contact nous donne envie d'aller plus loin, de communiquer, ou bien une impression désagréable s'installe en nous.

Ne dit-on pas : « La première impression est souvent la bonne » ?

Par la suite, on sera prêt à pardonner à celui qui se trompe : « L'erreur est humaine » ou au contraire, on pensera : « Je l'avais senti dès le premier contact, je savais bien que cela ne marcherait pas. »

Donc, la secrétaire qui reçoit un client interne ou externe doit prendre le temps d'établir le premier contact de façon positive.

Comment ?

Grâce aux mots qu'elle emploie, mais aussi grâce à son attitude **non-verbale**.

LE REGARD

Dans la communication, il est capital. C'est par lui que vous montrez une **disponibilité** à l'égard de votre visiteur. On parle d'un regard vif, d'un regard étonné, d'un regard morne, d'un regard triste, d'un regard intéressé. Tous ces adjectifs donnent au regard une dimension humaine. C'est par lui que vous accueillez votre visiteur et lui montrez que vous êtes là pour l'aider, le prendre en charge.

A ce regard, bien sûr, il faut ajouter le **sourire**. C'est la chaleur, la bienveillance de ce sourire qui rendra votre accueil plus professionnel.

LE GESTUEL

En fonction de nos origines, notre « gestuel » peut être plus ou moins important. Restez naturelle en suivant ces quelques conseils. Ne vous réfugiez pas dans une attitude statique. Servez-vous de vos mains pour appuyer ce que vous dites : indiquer une direction, donner une idée de dimension, montrer une hésitation, désigner un document...

Ne croisez pas les bras ni les mains lorsque vous vous adressez à votre interlocuteur : cela peut donner l'impression que vous n'êtes pas à l'aise ou que vous prenez sur vous pour écouter. Cette attitude ne favorise pas un bon dialogue.

Nous venons de voir les éléments non verbaux d'un bon accueil :

– Regarder son interlocuteur,

– Lui sourire,

– Se servir de gestes pour appuyer ce que l'on dit.

Lorsqu'un client externe entre dans votre bureau, c'est chez vous qu'il entre. Laisseriez-vous ainsi quelqu'un sur le pas de votre porte ou lui proposeriez-vous d'entrer, de boire quelque chose ? Il en est de même avec ce client. Vous avez un rôle de maîtresse de maison et vous devez le recevoir comme un invité.

– Offrez-lui de s'asseoir,

– Offrez-lui un café ou une autre boisson s'il doit patienter.

La prise en charge du « client externe »

Ces premières minutes passées, votre rôle d'accueil consiste à prendre en charge sa demande : « En quoi puis-je vous être utile ? »

DEMANDE SIMPLE

« J'ai rendez-vous avec Monsieur Dupont à 16 heures. »

Regarder la personne avec le sourire, la rassurer, employer son nom.

« Madame Vimeux, Monsieur Dupont vous reçoit dans un instant. »

« Madame Vimeux, Monsieur Dupont vous recevra dans une dizaine de minutes, puis-je vous offrir un café ? ».

DEMANDE VOUS OBLIGEANT À QUELQUES RECHERCHES

´Je vous apporte un extrait de naissance que j'avais oublié de mettre dans mon dossier et je voudrais savoir s'il ne manque rien d'autre. »

Montrez à cette personne que vous l'écoutez, que vous comprenez sa demande. Reformulez avec d'autres mots (et avec le sourire !).

« *Vous voulez que je vérifie si votre dossier est bien complet maintenant que nous avons votre acte de naissance, c'est bien cela ?* »

Vous êtes efficace lorsque le client sent sa demande prise en charge, lorsqu'il a l'assurance d'être traité avec respect, la garantie d'être entendu, la certitude d'être écouté.

Un visiteur qui vient dans votre bureau est en général « demandeur » d'un renseignement, d'un rendez-vous, d'une confirmation. Quel que soit le motif de sa venue, il a besoin d'être sécurisé, rassuré, reconnu, valorisé, pris en charge. Il arrive chez vous avec ses inquiétudes, ses craintes, ses soucis, ses espoirs et il attend de vous d'être écouté et compris.

Ce n'est pas simple, car nos interlocuteurs présentent souvent leurs demandes de façon floue et ils n'emploient pas toujours les bons termes, partent d'idées fausses, sont exigeants, pressés.

> – Privilégiez une écoute globale.
> – Reformulez ce que vous avez compris de la demande.
> – Posez des questions ouvertes pour en savoir plus : « Qu'entendez-vous par ...? »
> – Rassurez le visiteur : « Ne vous inquiétez pas... Nous allons trouver une solution.. Vous avez bien fait de venir nous voir. »

Par ces attitudes, vous favorisez le dialogue et vous poussez l'autre à s'exprimer davantage. Vous évitez ainsi les erreurs de compréhension mutuelle (interprétations) et vous gagnez du temps. Vous êtes plus efficace.

Encore quelques conseils et vous serez des « pros » de l'accueil :

– Évitez les mots trop techniques (le jargon) : votre interlocuteur ne les comprend peut-être pas.

Exemple : Ne dites-pas « *Vous avez rempli l'imprimé L52 ?* » mais : « *Avez-vous rempli l'imprimé concernant XXX ? Vous savez, c'était une feuille verte, vous avez dû la recevoir au début de ce mois.* » Aidez votre interlocuteur plutôt que de le bloquer, il vous en sera reconnaissant.

- Expliquez ce que vous faites. Ne laissez pas votre interlocuteur dans l'expectative, mais dites-lui : « *Je vous demande quelques petites minutes pour consulter ... pour aller vérifier dans les dossiers si ...* » Il se sentira pris en charge et vous en remerciera.
- Simplifiez la vie du client. Expliquez-lui clairement les démarches, les procédures à suivre. Vous, vous avez l'habitude, c'est votre quotidien, mais pour lui ce peut être complètement nouveau. Expliquez-lui :

  – quand   —> faut-il faire ces demandes ?

  – où   —> dans quel lieu, à quelle adresse ?

  – comment —> dans quel ordre, en combien d'exemplaires ?

Soyez précise pour être comprise et éviter une seconde visite, c'est-à-dire un second dérangement.

La prise en charge du « client interne »

Vous connaissez la notion de « client », mais pour vous ce sont des personnes extérieures à votre entreprise qui achètent vos produits ou services.

« Le client est roi », ce qui veut dire que rien n'est trop beau pour lui, que le moindre de ses souhaits devient une exigence ? Il est vrai que, pour garder de bonnes relations avec ses clients, l'entreprise est prête à bien des efforts (remises, offres exceptionnelles, dépannage, etc.).

Et si l'on considérait son patron, les personnes des autres services comme des clients ? Ils ont eux aussi besoin de nos prestations, de nos services.

Voici une liste non exhaustive des caractéristiques d'un accueil de qualité face à ses clients internes :

- se montrer disponible,
- écouter la demande,
- reformuler ce que l'on a compris,
- poser les bonnes questions,
- éviter les interprétations,
- rassurer, sécuriser : « Je m'en occupe... », « Je vous envoie les chiffres... ».
- être crédible dans ses promesses : tenir les délais, faire ce que l'on a promis,
- valoriser son interlocuteur,
- renforcer sa confiance : « Vous pouvez compter sur moi. »

Attention : se montrer disponible face à des clients internes (collègues) ne veut pas dire accepter d'être sans cesse dérangée pour écouter leurs « petites histoires » !

Être disponible pour ce qui concerne le travail : demande d'explications, d'informations, de conseils. Lorsqu'une secrétaire vient vous voir pour vous demander votre aide sur un dossier (et que vous êtes vous-même sur un travail demandant toute votre attention), ne dites pas : «Je n'ai pas le temps, débrouille-toi...», mais «Laisse-moi cinq minutes pour finir cette lettre et après je t'écoute. D'accord ?»

L'accueil est sans cesse présent dans votre métier. Vous recevez des visiteurs pour votre patron, des clients, des personnes venant vous demander des renseignements, des collègues, des collaborateurs d'autres services, d'autres départements. Tous ont droit à la même qualité d'accueil du lundi 8h30 au vendredi 17 h !

En conclusion, l'accueil est primordial et influe sur l'ensemble de la communication.

À chaque fois que vous recevez un visiteur, pensez que vous représentez l'entreprise. À travers vous, elle sera ou non jugée dynamique, accueillante et efficace.

Test 1
Exercez vos talents d'accueil

Pour finir, voici un petit exercice pour mettre en œuvre vos talents d'accueil.
Avez-vous déjà entendu ces phrases ?

1 - C'est impossible.

....

2 - Vous croyez que je n'ai que cela à faire ?

....

3 - Ce n'est pas mon problème.

....

4 - Vous n'êtes pas la seule.

....

5 - Vous ne pouvez pas attendre comme tout le monde ?

....

6 - C'est fermé, je vous dis.

....

7 - C'est comme ça.

....

8 - Ce n'est pas de ma faute.

....

9 - C'est la première porte à gauche.

....

10 - Vous n'avez pas lu l'affiche ?

....

11 - Je ne suis pas un bureau de renseignements.

....

12 - C'est pour quoi ?

....

T

Accueillir

13 - Qu'est-ce que vous voulez ?

....

14 - Et après, c'est moi qui me fais attraper.

....

15- On est débordé.

....

16 - Ce n'est pas le moment.

....

17 - Ce n'est pas moi qui décide.

....

18 - Quelqu'un s'en occupera.

....

19 - Vous pouvez me le confirmer par écrit ?

....

20 - On n'a pas pu vous dire ça !

Elles sont significatives d'un mauvais accueil, d'un manque de disponibilité. Elles risquent d'entraîner des situations conflictuelles.

Amusez-vous à les transformer en phrases positives qui sécurisent le visiteur.

Exemple :

1 - Le problème ne s'est jamais posé auparavant, mais nous allons certainement trouver une solution,

Voir nos propositions de solutions en fin d'ouvrage.

21

Deuxième mission

GÉRER L'INFORMATION

1 - Le classement

Le classement ! Voilà bien le parent pauvre du secrétariat, le mal aimé, celui auquel on pense après tout le reste et qu'on s'empresse de confier à la dernière personne entrée, ou à la stagiaire scolaire d'été.

Et pourtant, un classement bien fait rend de tels services ! on évite de se stresser, on gagne du temps, voire de l'argent, car dans certains cas le coût d'un document non retrouvé peut être important.

Les assistantes laissent s'entasser le classement en attente pour deux raisons :

– c'est fastidieux et sans intérêt de sortir des dossiers de l'armoire pour y ranger des documents,

– c'est difficile de savoir dans quel dossier classer certains papiers. On les laisse de côté faute de savoir les classer. Il est vrai qu'il est parfois problématique d'imaginer comment on va vous redemander tel document dans six mois ou un an.

Faites donc le test en page suivante pour vérifier que vous êtes bien une « incollable du classement », avant de lire comment vous pouvez encore vous perfectionner.

Test 2
Les incollables du classement

	Vrai	Faux
1 - On ne classe jamais un dossier à « société ».		
2 - Il faut conserver les pièces justificatives de TVA pendant cinq années		
3 - Il est obligatoire d'enregistrer le courrier «arrivée».		
4 - La lumière est l'ennemi de la conservation des documents.		
5 - Le dossier «Coopérative du Midi» se classe à Midi.		
6 - On reconnaît un bon classement à ses dossiers bien rangés.		
7 - Un fantôme est une indication sur le lieu où se trouve un dossier qui n'est pas dans le classement à ce moment.		
8 - Il faut indiquer le contenu d'une boîte d'archivage sur sa tranche.		

✎ _Mettez une croix dans la colonne correspondante et reportez-vous en fin d'ouvrage pour connaître les réponses._

Un «bon classement» : critères d'efficacité du classement

Au risque de vous décevoir, il n'existe pas de modèle type de classement. Le «bon classement» n'existe pas dans l'absolu.

Un classement est bon, quand le patron, en l'absence de sa secrétaire, y retrouve tout ce qu'il y cherche.

Quelles conditions le classement doit-il remplir pour cela ?

- Être accessible,
- Être à jour,
- Être exhaustif,
- Être épuré.

Accessible - Le classement est basé sur une méthode ; les dossiers sont bien identifiés ; il existe un plan de classement qui explique la méthode.

À jour - La corbeille «classement en attente» est vide.

Exhaustif - Les documentalistes disent qu'il est «sans silence». Un silence, c'est un document qu'on ne retrouve pas.

Épuré - Les documentalistes disent qu'il est «sans bruit». Un bruit est un document qui n'a rien à faire dans le classement : le double, le brouillon, la énième version d'un même document, le document ancien qui devrait être archivé, etc.

Créer, refondre un classement

Pour la création, comme pour la refonte d'un classement, deux points de vue sont à prendre en compte:

- l'analyse de l'existant,
- les besoins des utilisateurs.

1. L'ANALYSE DE L'EXISTANT

Pour la refonte d'un classement, comme pour tout projet, il faut prendre en compte l'existant. Il faut l'analyser pour pouvoir le critiquer et imaginer des solutions plus satisfaisantes.

L'analyse de l'existant passe par l'inventaire des dossiers. Cette étape est fastidieuse, mais elle seule vous permettra de prendre la mesure de la situation. Vous découvrirez les titres peu précis, les doublons, les dossiers trop vieux à archiver.

Si toutefois vous manquez de temps pour reprendre l'existant, une bonne solution consiste à créer un nouveau classement à côté de l'ancien. Vous l'alimenterez au fur et à mesure de vos utilisations de l'ancien.

2. LES BESOINS DES UTILISATEURS

Un classement efficace, nous venons de le voir, répond aux demandes. Il faut donc, pour le mettre en place, partir des demandes, c'est-à-dire de l'utilisation qu'on en a.

Nous vous conseillons de noter les demandes de vos utilisateurs. En effet, il est difficile de se fier à sa mémoire. De plus, ce pointage vous permettra de faire un diagnostic de votre classement. Vous y noterez les raisons pour lesquelles on a du mal à retrouver les documents.

Pour chaque demande, notez donc brièvement :

- la nature de la demande « la lettre de X parlant de ... », « le dossier Y » ;
- la nature de la pièce demandée (est-ce une lettre, un dossier, un compte rendu...?)
- et, si vous ne trouvez pas immédiatement, notez la raison pour laquelle vous devez chercher longtemps (dossier absent, dossier déclassé, vous avez dû ouvrir plusieurs dossiers, car vous n'avez pas vu a priori dans lequel le document en question pouvait se trouver, demande imprécise, etc.).

Au bout de quelque temps, vous aurez une idée des dysfonctionnements et de la manière dont il faudrait structurer ce classement.

Les différents types de classement

Une fois la liste définitive des dossiers établie, les doublons éliminés, des titres parlants et précis choisis, il va falloir déterminer une méthode de classement.

Nous disposons de trois grandes méthodes. Toutes les autres sont des variantes ou des combinaisons. Vous choisirez en fonction du volume de votre classement (nombre de dossiers) et de sa nature. Bien entendu, plusieurs méthodes peuvent cohabiter dans un même classement.

La première question à se poser est :

- _Vos dossiers sont-ils des dossiers homogènes ?_ C'est-à-dire dont le contenu est similaire. C'est le cas des dossiers clients, dossiers fournisseurs ou dossiers de personnel.
- _Sont-ils des dossiers hétérogènes ?_ C'est-à-dire tous les autres.

LA MÉTHODE ALPHABÉTIQUE

Elle est bien adaptée au classement des dossiers homogènes, comme hétérogènes quand ils ne sont pas trop nombreux : un millier pour les premiers, beaucoup moins pour les seconds.

Ses avantages sont bien connus : facilité d'accès et de reclassement.

Ses défauts ne sont toutefois pas inexistants et augmentent avec le nombre des dossiers à classer :

- homonymie : 62 000 familles françaises portent le nom de Martin. Vous avez toutes les chances d'en retrouver plusieurs dans votre classement de dossiers de personnes, dès qu'il est un peu volumineux,

- déménagements : les nouveaux dossiers viennent nécessairement s'intercaler entre des dossiers déjà existants,

- difficultés à retrouver un dossier quand on ne connaît pas son titre exact. Cette difficulté amène d'ailleurs à créer des doublons : vous ne trouvez pas le dossier « Budget » (en effet, votre prédécesseur l'avait nommé « Prévisions budgétaires »), vous allez donc le créer pour y classer les documents que vous avez.

L'Afnor a édité une norme portant sur le classement alphabétique des noms et raisons sociales. Il s'agit d'une règle permettant de déterminer de manière indiscutable le mot directeur, c'est-à-dire le mot sur lequel on va classer. L'intérêt de cette règle réside dans son caractère indiscutable : elle met tout le monde d'accord. Nous vous conseillons de vous la procurer auprès de l'Afnor et de la mettre en place si vous devez gérer un classement important de dossiers d'entreprises : dossiers fournisseurs ou dossiers clients par exemple.

Pour vous donner une indication, voici cette norme résumée en quatre grandes propositions :

1 – on ne classe pas à l'adjectif, ni à l'article ;
2 – on classe au premier nom propre rencontré en lisant le titre du dossier (un nom propre peut être, outre un nom de famille, un lieu géographique, un point cardinal ou un nom publicitaire ou un nom inventé) ;
3 – si le titre du dossier ne comporte pas de nom propre, on classera au premier nom commun en évitant compagnie, société, entreprise, établissement, etc. Il faut exclure compagnie et société, car sinon beaucoup de dossiers y seraient classés. Il faudrait les différencier par le mot sous-directeur, ce qui augmenterait la difficulté du classement et donc les risques d'erreur ;
4 – pour les raisons sociales d'entreprises étrangères, on classe au premier mot (quelle que soit sa nature) après l'article.

Test 3
La norme Afnor au secours
du classement

Voici quelques exemples d'application de la norme Afnor. Dans toutes les rai-sons sociales du test, il s'agit de souligner le mot directeur, c'est-à-dire le mot sur lequel vous classeriez ces dossiers. Exercez-vous et vérifiez vos réponses en fin d'ouvrage.

A - Entreprise de bâtiment de l'Ouest parisien

B - Boucherie Sanzot

C - The Walt Disney Music Company

D - Les Serruriers réunis

E - Le Mandarin du parc de Saint-Maur

F - Pomme de pain SA

G - La Compagnie Générale des Eaux

H - La Francilienne du cycle

I - La Société européenne de brasserie

J - Entreprise de nettoyage général

LA MÉTHODE NUMÉRIQUE

Elle est peu employée et pourtant elle présente de nombreux avantages. C'est celle des professionnels du classement : archivistes ainsi que tous ceux qui classent de gros volumes.

Son principe est simple : on range les dossiers les uns à la suite des autres au fur et à mesure de leur création et on affecte à chaque dossier un numéro d'ordre. Elle est utilisable pour tous types de dossiers. Ses avantages sont les défauts de l'alphabétique :

- pas de déménagements : le nouveau dossier trouve sa place à la suite des précédents ;
- pas d'homonymie : on ne classe pas sur un nom, mais sur un numéro ;
- le classement est confidentiel ;
- il est beaucoup plus facile de classer sur un numéro que sur un nom.

Bien sûr, ce classement n'est pas d'accès direct. Il faut rechercher le titre du dossier dans une liste à colonnes qui donne son numéro. Vous réaliserez cette liste très simplement sur votre traitement de texte ou votre tableur et l'afficherez sur l'armoire.

LA MÉTHODE THÉMATIQUE OU IDÉOLOGIQUE

C'est la méthode préférée de bon nombre de secrétaires. En effet, on a l'impression en utilisant cette méthode que les dossiers y sont bien classés, de manière rationnelle et logique. Elle s'utilise plutôt pour des dossiers hétérogènes que pour des dossiers homogènes.

Le principe est simple : il s'agit de regrouper les dossiers par rubriques, puis par grands thèmes. Les dossiers voisinent donc les uns avec les autres dans l'armoire pour des raisons de proximité d'idées.

Si le principe en est simple, la réalisation l'est beaucoup moins. En effet, mettre sur pied un classement thématique vraiment efficace prend du temps et demande la collaboration des utilisateurs.

Quand on utilise un classement thématique, il est indispensable d'adopter une codification. Toutes les codifications sont envisageables :

- codification décimale (de 0 à 9),
- codification centésimale (de 00 à 99),
- alphabétique (de A à Z),
- alphanumérique (mélangeant lettres et chiffres),
- ou mnémotechnique (reprenant quelques lettres du thème : PER pour personnel).

T

Chaque dossier est alors repéré par un code dont le premier élément indique le thème, le second la rubrique, et le troisième le dossier lui-même à l'intérieur de la rubrique (figure 2.1)

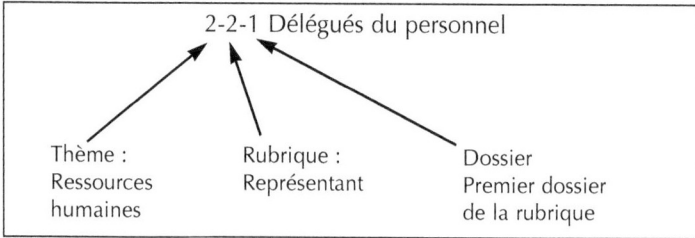

Figure 2.1 – Exemple de méthode de classement thématique

La grande limitation du classement thématique vient de ce que chacun d'entre nous a son idée sur le thème dans lequel classer les dossiers. Par exemple, doit-on classer le dossier « Budget » dans le thème « Comptabilité-Finances » puisqu'il s'agit d'argent ou dans le thème « Gestion », puisqu'il s'agit d'un élément de tableau de bord ? Les deux possibilités sont acceptables, rien ne permet de dire que l'une est meilleure que l'autre.

C'est pour cette raison qu'un classement thématique doit être accompagné d'un mode d'emploi. Ce mode d'emploi se compose de deux documents :

- _le plan de classement_, véritable photographie de l'armoire qui donne la liste des dossiers, regroupés par thèmes et par rubriques. C'est lui qu'on consultera si on ne connaît pas précisément le titre du dossier recherché ;
- _l'index alphabétique_, qui reprend l'ensemble des titres de dossiers classés par ordre alphabétique avec leur numéro qui est l'indication de leur emplacement dans l'armoire.

Vous trouverez dans le paragraphe « Demandez donc de l'aide à votre micro » ci-après un exemple de réalisation de plan de classement thématique avec son index alphabétique.

EN CONCLUSION

Quelle que soit la méthode que vous choisirez, n'oubliez pas que classer, c'est concevoir une organisation de l'information du service, et c'est aussi savoir dans quel dossier ranger et surtout rechercher le document. Alors, réduisez le temps de classement en reportant au crayon sur chaque document classé sa cote de classement, c'est à dire la référence de son dossier. Ainsi, vous ne vous poserez qu'une fois la question de savoir dans quel dossier classer et vous pourrez même déléguer le classement.

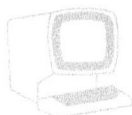

Demandez donc de l'aide à votre micro

Dans la suite de l'ouvrage, vous trouverez des encadrés comme celui-ci. Nous vous y donnons des conseils d'utilisation de la micro-informatique pour vous aider dans vos différentes tâches.

Votre micro-ordinateur peut vous aider de bien des manières à voir plus clair dans le classement.

L'aide qu'il vous apportera sera différente en fonction de votre équipement, de vos besoins et surtout du budget alloué.

Plusieurs cas se présentent donc.

☞ Les informations sont classées sous forme papier

Vous êtes équipée d'un gestionnaire de fichier (Access), ou d'un tableur (Excel).

Vous allez pouvoir automatiser votre plan de classement, votre enregistrement du courrier (qui ne trouve d'ailleurs une certaine utilité que lorsqu'il est saisi sur micro) ou la gestion de la documentation du service.

Prenons ensemble un exemple : le plan de classement thématique.

Il nécessitera un tableau comprenant une colonne par niveau hiérarchique ainsi qu'une colonne pour le numéro de dossier (figure 2.2).

Le principe, pour la saisie, sera une ligne (donc un enregistrement) par dossier.

Numéro	Thème	Rubrique	Dossier
1-1-1-	gestion	réunions	AG ordinaire
1-1-2-	gestion	réunions	AG extraordinaire
1-1-3-	gestion	réunions	comités de direction
1-2-1-	gestion	indicateurs	plan à 3 ans
1-2-2-	gestion	indicateurs	tableau de bord
2-1-1-	ressources hum.	effectifs	retraite
2-1-2-	ressources hum.	effectifs	embauche
2-1-3-	ressources hum.	effectifs	licenciements
2-1-4-	ressources hum.	effectifs	embauche CDD
2-2-1-	ressources hum.	représentants	délégués personnel
2-2-2-	ressources hum.	représentants	comité d'entreprise

Figure 2.2 - Exemple de plan de classement thématique

T

On peut très simplement tirer l'index alphabétique de ce plan de classement, s'il est saisi de cette manière, en demandant au logiciel un tri sur la colonne des dossiers (figure 2.3).

Numéro	Thème	Rubrique	Dossier
1-1-2-	gestion	réunions	AG extraordinaire
1-1-1-	gestion	réunions	AG ordinaire
2-2-2-	ressources hum.	représentants	comité d'entreprise
1-1-3-	gestion	réunions	comités de direction
2-2-1-	ressources hum.	représentants	délégués personnel
2-1-2-	ressources hum.	effectifs	embauche
2-1-4-	ressources hum.	effectifs	embauche CDD
2-1-3-	ressources hum.	effectifs	licenciements
1-2-1-	gestion	indicateurs	plan à 3 ans
2-1-1-	ressources hum.	effectifs	retraite
1-2-2-	gestion	indicateurs	tableau de bord

Figure 2.3 - Index alphabétique du plan de classement

Vous trouverez un exemple de réalisation d'une gestion documentaire sur micro-ordinateur au chapitre «Documentation».

Vous disposez d'un logiciel de gestion documentaire

Ces logiciels ne sont utiles que si on gère une documentation vraiment importante, ce qui est rarement le cas dans un secrétariat. Si c'est votre cas, un logiciel de ce type vous permettra de faire des recherches par mot-clé, de suivre les abonnements aux différentes revues et de gérer les emprunts.

Organiser la lecture de vos mails

Combien de e-mail recevez-vous par jour ? Certainement une quantité impressionnante ! Les fonctionnalités avancées d'Outlook vous permettent de les gérer avec efficacité.
Choisissez la fonction : Outils/Organiser. Apparaît alors la fenêtre Organiser le dossier Boîte de réception.

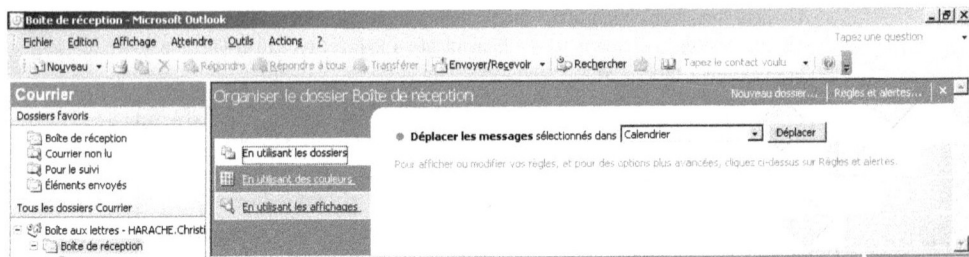

Figure 2.4

Les 3 icônes suivantes vont vous permettre d'organiser des affichages différents :

1. **En utilisant les dossiers :** Pour déplacer des messages que vous sélectionnez dans votre BAL pour les déplacer dans un autre dossier existant ou un nouveau que vous pouvez créer.

2. **En utilisant les couleurs :**
   - Vous permet d'afficher de différentes couleurs les messages que vous recevez de vos différents interlocuteurs. Vous pouvez ainsi mettre automatiquement en rouge tous les messages envoyés par votre patron.
   - Vous permet d'afficher d'une couleur les messages dont vous êtes l'unique destinataire.

3. **En utilisant les affichages :** Vous avez la possibilité de définir 10 affichages différents de votre BAL.

CLASSER LES E-MAILS

On peut classer les e-mails :
- Dans les dossiers personnels de la messagerie (voir ci-dessous).
- Dans les dossiers de son disque dur. Il faut alors les enregistrer (Fichier/Enregistrer sous). Plusieurs types de fichiers nous sont proposés :
  - Le format texte seulement crée un fichier au format Bloc.notes.
  - Le format rtf enregistre toute la mise en forme. Il convertit la mise en forme en instructions pouvant être lues et interprétées par d'autres programmes, y compris les programmes Microsoft compatibles. Le message est lisible dans Word.
  - Le format html, le fichier est lisible sous Internet Explorer.
  - Le format message, le fichier est enregistré comme un vrai message.

CRÉER DES DOSSIERS PERSONNELS

Les Dossiers personnels sont enregistrés avec l'extension .pst. Les éléments contenus dans ce dossier restent dans votre ordinateur et non sur le serveur de votre entreprise, c'est le grand intérêt de cette procédure. Attention si vous utilisez un autre ordinateur pour accéder à votre messagerie, vous ne pouvez pas accéder au contenu de vos dossiers personnels.

1. Dans le menu Fichier, pointez sur Nouveau, puis cliquez sur Fichier de données Outlook.
2. Sélectionnez Fichier de dossiers personnels Microsoft Outlook (.pst) ou si vous comptez utiliser ces dossiers dans une version antérieure d'Outlook, sélectionnez Fichiers de Dossiers personnels Microsoft Outlook 97-2002 (.pst). Cliquez trois fois sur OK.
3. Les Dossiers personnels apparaissent dans la Liste des dossiers.

CRÉER DES SOUS-DOSSIERS
DANS LES DOSSIERS PERSONNELS

1. Cliquez avec le bouton droit de la souris sur Dossiers personnels et sélectionnez Nouveau dossier.
2. Dans le champ Nom, tapez le nom que vous souhaitez donner au sous-dossier et cliquez sur OK.
3. Cliquez sur le signe plus (+) en regard de Dossiers personnels pour voir le nouveau sous-dossier.

Bibliographie

Christine Harache, Martine Launet, _Organiser et faire vivre le classement_, Éditions ESF-Cegos, Paris, 2006.

2 - L'archivage

L'archivage est la dernière étape de la chaîne du classement. C'est une fonction importante à qui on accorde pas toujours l'attention qu'elle mérite. Certaines entreprises pourtant ont compris l'importance d'un archivage bien fait.

Les conseils que vous trouverez ci-dessous vous aideront à mettre en place un archivage de votre service qui vous permettra de retrouver vos documents de nombreuses années après leur versement.

Les 3 raisons d'archiver

Pourquoi choisit-on d'archiver ? En effet, le mètre carré de bureau coûte cher dans les villes. Les entreprises pourraient faire le choix de gagner de la place en se débarrassant des papiers qu'elles n'utilisent plus. Pourtant elles décident de conserver un certain nombre de ces papiers, parce que trois bonnes raisons les y poussent.

La première raison, la plus connue, est que la loi les y oblige. En effet, l'entreprise est tenue de conserver des documents tels que livres de paie, factures, livres comptables, etc. Il lui permettront, si nécessaire, de prouver sa bonne foi en cas de litige.

Les durées de conservation des documents d'entreprise figurent dans les différents codes : code du travail et de la sécurité sociale, code fiscal, code du commerce. Il suffit de chercher. Les choses se compliquent encore si l'on sait qu'un même document peut figurer dans plusieurs codes avec des durées de conservation différentes. Le bon sens commande alors de retenir la durée la plus longue en espérant que le dit document ne figure pas avec une autre durée de conservation dans un troisième code.

Le plus simple est encore de consulter son service archives, s'il en existe un, ou alors le service juridique.

Un certain nombre d'entreprises ont mis en place un tableau des éliminables ou une bible de classement. Ce tableau reprend l'ensemble des types de documents produits ou reçus par l'entreprise et indique pour chacun sa durée de conservation.

La deuxième raison, moins facile à mettre en œuvre, consiste à se dire qu'il faut conserver ce que l'on pourra réutiliser. Cette réflexion est difficile, car, au nom de quoi peut-on dire que tel document servira et que tel autre ne resservira jamais ? Une règle simple peut vous guider dans le cas des notes de services : archiver les documents dont votre service est l'émetteur et détruire les autres. En effet, si au bout de quelques années, on recherche une note, c'est auprès de l'émetteur qu'on devra la trouver.

T

Troisième raison enfin : on conserve certains documents pour leur valeur historique. Actuellement beaucoup de sociétés recherchent une « culture d'entreprise », un « esprit maison ». Comment mieux se doter de cette culture qui mobilise les collaborateurs et intéresse « prospects » et clients, qu'en donnant à l'entreprise des racines dans le passé ?

Disposer d'éléments qui permettent d'organiser une exposition, d'éditer une plaquette, voire de permettre à des chercheurs de se livrer à des études, est flatteur.

Michelin a distribué, il y a quelques années, des reproductions de son tout premier guide datant de 1889, prouvant ainsi l'ancienneté de son expérience de la critique gastronomique. Aurait-on pu mener à bien cette opération publicitaire, si quelqu'un n'avait pas conservé au moins un exemplaire de ce premier guide ?

Préparer un versement d'archives

Archiver, oui, mais dans quelles conditions ? Dans de trop nombreux cas, les secrétaires archivent les documents sans avoir la certitude de les retrouver le jour où ils seront utiles.

Rien ne sert d'archiver si on n'est pas certain de retrouver rapidement, et dans un état correct, le document recherché.

Il faudra donc le décrire pour l'identifier et lui assurer des conditions de conservation qui lui permettront de traverser les années.

Si vous travaillez dans une entreprise où des procédures, voire une charte d'archivage, sont en place, vous n'avez pas de difficultés. Dans le cas contraire, quelques conseils vous seront utiles.

TRI

Voici quelques conseils de tri :

- jetez les doublons et les brouillons ;
- regroupez les documents dans des chemises en papier ; n'archivez pas les classeurs si vous en utilisez (ils prennent de la place et peuvent resservir) ;
- éliminez les trombones (ils sont, de toute façon, source d'erreurs, même dans le classement vivant), les pochettes en plastique et, en un mot, tout ce qui pourrait abîmer le papier ou altérer l'encre ;
- rassemblez les chemises dans des boîtes d'archivage.

ORGANISATION DES BOÎTES

L'ordre de classement qui optimise le mieux l'espace est, on l'a vu dans le chapitre « classement », l'ordre numérique. C'est celui qu'il faut adopter pour un archivage.

Si vous archivez vous-même, rangez les boîtes, les unes à côté des autres, dans l'ordre dans lequel elles se présentent. Sur la tranche de chaque boîte ne figurera qu'un numéro purement chronologique. Inutile d'essayer de faire tenir la description du contenu de la boîte sur sa tranche. Rien n'est plus pénible que de devoir parcourir des dizaines de boîtes dans l'espoir de retrouver un dossier.

Il est bien plus logique de faire figurer ces informations sur un cahier (à l'ancienne) ou mieux sur un petit fichier informatique.

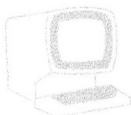

Avec votre micro-ordinateur

Sur un logiciel de gestion de fichier ou un tableur, créez un fichier dont le principe sera un enregistrement par dossier archivé. N'oubliez pas que ce plan d'archivage doit être dans la continuité du plan de classement pour être vraiment pratique : reprenez donc le nom du dossier et son numéro, tels qu'ils figurent dans le plan de classement.

– nom du dossier :   embauche
– numéro (dans le classement) :   2-1-2-
– date d'archivage :   *2001*
– date de destruction :   *2021*
– date du document le plus ancien :   *1/2/1996*
– date du document le plus récent :   *3/7/2000*
– numéro de boîte d'archivage :   *593*

Il existe des logiciels spécifiques. Ils sont réservés à la mise en place d'archivage de documents très nombreux.

Bibliographie

Revue *Archimag*.

3 - La documentation

Toutes les secrétaires ne sont pas amenées à gérer une documentation. Il est vrai que de nombreuses grandes entreprises disposent d'un service documentation auquel on peut faire appel. Toutefois, on n'y trouve pas toujours tout ce qu'on y cherche. Généralement, il y a beaucoup d'informations concernant le métier de l'entreprise, mais pas toujours sur des domaines autres, comme l'informatique, par exemple.

Il faut ajouter, en outre, que tenir une petite documentation est une tâche passionnante qui permet de développer ses connaissances et sa capacité à analyser et synthétiser les informations.

Quelles sont les informations utiles à mon service ?

Tenir une documentation, même modeste, suppose de travailler dans un esprit marketing, c'est-à-dire de se soucier des besoins de ses utilisateurs afin de pouvoir les satisfaire.

N'hésitez pas à interroger les personnes auprès de qui vous travaillez, à prendre la parole lors des réunions de service. Diffusez un inventaire de votre fonds documentaire : livres, revues, etc.

La première étape consiste à faire un point de la sitation existante: l'inventaire des ressources et des besoins.

Quelles sont les informations dont je dispose ?

Vous disposez forcement de deux types de sources documentaires : les sources internes et les sources externes.

Les sources internes sont des documents émis par votre entreprise. Ils sont souvent nombreux et pleins d'informations : notes, rapports, documents comptables, journal d'entreprise, annuaires internes, etc.*

Les sources externes sont innombrables. Il n'est pas question de les énumérer toutes ici, mais de vous donner quelques pistes.

---

* N'oublions pas l'intranet qui est souvent la 1re source d'informations internes.

Internet et la recherche d'informations

Par rapport à une documentation papier, l'avantage d'Internet est de proposer des informations vivantes et plus à jour.

Comment y accéder

La recherche de sites sur Internet nécessite l'utilisation d'un moteur de recherche ou portail. Les plus connus sont :

> http://www.google.fr
>
> http://www.yahoo.fr
>
> http://www.voila.fr (voilà.com est en anglais)
>
> http://www.altavista.fr
>
> http://www.lycos.fr

Exploiter la documentation

Une fois la documentation papier rassemblée, il faut la traiter:
- la faire circuler,
- la stocker,
- l'indexer pour s'y retrouver plus facilement.

LA CIRCULATION DES REVUES :

UN VRAI CASSE-TÊTE

Les documents circulent mal, ce n'est pas étonnant : les lecteurs ne sont pas tous « disciplinés » et les listes de diffusion sont souvent ridiculement longues. On considère généralement que, pour que les revues circulent bien, un abonnement ne doit concerner que cinq lecteurs.

Commencez par réduire la longueur des listes. Livrez-vous à une petite enquête auprès de vos lecteurs pour savoir lesquels ont vraiment besoin d'être destinataires de telle ou telle revue. N'hésitez pas à être un peu ferme et convaincante.

Bien sûr, chacun a envie d'être destinataire de toutes les revues, mais ont-ils le temps de les lire toutes ?

Vous connaissez bien ceux qui laissent traîner les revues deux mois sur un coin du bureau ; mettez-les en fin de liste.

Il n'est pas indispensable non plus que le patron figure en tête de liste. Il est très certainement débordé et a peut-être moins besoin de consulter certaines revues que ses collaborateurs.

Il peut être également préférable de renoncer à un abonnement pour disposer de deux abonnements à une revue très demandée qui, ainsi, circulera plus vite.

Une bonne formule consiste aussi à ne pas faire circuler les documents, mais à diffuser une photocopie du sommaire. Les personnes intéressées viendront consulter l'article qu'elles souhaitent lire.

STOCKER LA DOCUMENTATION

Dans une documentation de service, on dispose généralement au moins :

- de journaux et de revues ;
- de livres parfois ;
- de documents divers : rapports, études ;
- plus rarement de dossiers documentaires, (ces dossiers comprennent le plus souvent des photocopies d'articles traitant d'un sujet).

Le plus simple et le plus économique à mettre en place consiste à classer chaque catégorie séparément :

- les journaux et revues ensemble avec chaque titre classé chronologiquement dans une ou des boîtes d'archivage,
- les livres entre eux, classés alphabétiquement par titre, ou si vous en avez beaucoup, numériquement avec une pastille auto collante pour indiquer le numéro,
- les rapports et études ensemble dans des classeurs,
- les dossiers documentaires dans des classeurs ou des dossiers suspendus, classés alphabétiquement ou thématiquement.

COMMENT S'Y RETROUVER ?

Il est bien rare qu'un utilisateur vous fasse des demandes du genre : « Je voudrais *L'Usine Nouvelle* du 15 mars » ou bien : « Je voudrais : *Assistante "Pro"* de Geneviève Bercovici et Christine Harache ».

Ses demandes sont plutôt du type : « Tu n'as pas vu passer un article sur la GPAO ? » ou bien : « Tu n'as pas quelque chose sur la certification qualité ? »

Comment le satisfaire ?
Quelques outils de l'analyse documentaire vont vous y aider.

L'indexation par mot-clé

Indexer un document consiste à y repérer les thèmes susceptibles d'intéresser vos utilisateurs. Il ne s'agit pas pour vous de tout lire, mais seulement le sommaire des revues, le résumé et la table des matières des livres. C'est un travail pour lequel vous pouvez demander l'aide de vos collègues. Quand Untel vous fait commander un ouvrage, quels sont les points qui l'intéressent ? Quand ils lisent une revue peuvent-ils surligner dans le sommaire le titre de l'article qui pourra peut-être resservir ?

La liste des mots-clés

Pour être vraiment efficace, votre documentation doit s'exprimer avec un vocabulaire contrôlé qu'on appelle la liste des mots-clés, ou thesaurus des mots-clés. Rassurez-vous, c'est une notion toute simple.

Par exemple, vous repérez dans la presse un article très intéressant traitant d'une laine de verre ; vous l'indexez à laine de verre. Trois mois après, un collègue vous demande tout ce que vous avez sur les matériaux isolants. Vous n'allez pas retrouver votre article puisque vous ne l'avez pas indexé à matériau isolant, mais à laine de verre.

Cet exemple montre la nécessité de l'existence d'une liste de mots-clés à laquelle il faudra se référer que ce soit lors de l'indexation ou de la recherche.

Le processus d'indexation est alors le suivant :
  – survol du document ;
  – identification des mots-clés : exemple **laine de verre** ;
  – traduction en mots contenus dans la liste : **isolation** par exemple (si le concept n'existe pas dans la liste, et seulement dans ce cas, on peut lui ajouter un nouveau mot) ;
  – saisie dans la base de données documentaire (voir l'encadré « Avec votre micro-ordinateur »).

Le processus de recherche est le suivant :

  – demande du client : « *Est-ce que tu as quelque chose sur les matériaux isolants ?* » ;
  – identification des mots-clés : **matériaux isolants** ;
  – traduction en langage de la liste : **isolation** ;
  – recherche dans la base de données documentaire.

Avec votre micro-ordinateur

☞ La base de données documentaire

Cette gestion n'est pas envisageable sans le secours du micro-ordinateur.

Il faut donc bâtir, avec votre gestionnaire de base de données ou votre tableur, un fichier tout simple qui vous permettra de vous y retrouver et décrira tous vos documents quelle que soit leur nature.

– classement :	*b-472*
– titre :	*usine nouvelle*
– auteur :	
– date :	*15/12/2004*
– mots-clés :	*certification qualité*

La rubrique classement renvoie au classement. C'est-à-dire au numéro. La rubrique « auteur » n'est utilisable que dans le cas d'un livre.

Intranet, réseaux, mettre à disposition l'information électronique

Les collaborateurs sont de plus en plus noyés sous les informations électroniques. Leur messagerie déborde, ils n'ont pas le temps de tout lire, ne savent pas quoi garder, quoi jeter.

La secrétaire a un rôle à jouer dans l'organisation et la mise à disposition des informations électroniques. Il s'agit pour elle d'une vraie opportunité de développer son rôle.

Comme pour la gestion de la documentation elle doit :

- Organiser la structure de l'information : organisation des disques réseaux, de l'intranet du service, des dossiers publics Outlook, des bases Notes (en fonction de l'équipement)
- Trier en fonction de l'intérêt de l'information
- Stocker à l'emplacement voulu,
- Informer de la mise à disposition,
- Faire vivre le système en assurant sa maintenance (destruction des fichiers anciens, création de nouveaux dossiers, suppression des dossiers obsolètes, etc.)

4 - Le tableau de bord

Nous verrons tout d'abord à quoi sert un tableau de bord, puis comment le constituer et enfin quelques exemples dans différentes fonctions de l'entreprise : commercial, production, informatique et qualité.

A quoi sert-il ?

Vous l'avez bien mérité : vous partez en vacances, en croisière sur un superbe voilier, direction les Antilles.

Pour maintenir le navire sur ce cap, il vous faudra un certain nombre d'instruments : une carte, un sextant, un compas, etc. De nos jours, on utilisera plutôt des systèmes de navigation assistés par ordinateur. Manuel ou informatisé, quelle est l'utilité de cet équipement ? Il permet de vérifier la position par rapport au cap et de rectifier les éventuelles dérives.

La comparaison est évidente, n'est-ce-pas ? Eh bien oui ! le tableau de bord joue le même rôle dans le domaine de la gestion que les instruments de navigation sur un bateau. C'est grâce à lui que l'on peut rectifier la direction si on s'éloigne de son cap.

On s'imagine souvent que le tableau de bord est l'apanage de la seule direction générale. En fait, chaque niveau d'activité peut avoir son tableau de bord. Il permet à chacun de suivre son travail et d'en rendre compte à son responsable. Un tableau de bord est donc une consolidation succincte des tableaux de bord des niveaux hiérarchiques inférieurs.

Prenons l'exemple de la direction commerciale : chaque commercial a un objectif de vente. Le chef de région suivra l'activité de l'ensemble des commerciaux de la région. Le directeur commercial suivra le chiffre d'affaires de chaque région, ou de chaque produit, sans descendre au niveau de chaque commercial. Quant au directeur général, il ne suivra que quelques chiffres significatifs et ne descendra dans le détail qu'en cas de difficulté.

C'est pour cela que l'on dit que les tableaux de bord fonctionnent comme des poupées russes : ils s'emboîtent les uns dans les autres.

Comment le constituer ?
Les indicateurs

Il est possible de suivre un certain nombre d'indicateurs :

– **des indicateurs d'activité ou de production**. C'est ce que je produis : des pièces pour un atelier, du chiffre d'affaires pour un commercial, des programmes développés pour un service informatique. Il est souvent utile de calculer aussi des indicateurs de productivité qui sont toujours des ratios : ce que je produis par rapport à ce dont je dispose pour produire. Ce sont ces ratios qui permettent de se comparer aux entreprises de la profession. On entend parfois parler de ratios de ce genre pour comparer notre industrie à celles d'autres pays : un ouvrier japonais produit X voitures par jour, un ouvrier français en produit Y ;

– **des indicateurs de dépenses** (budget), l'aspect le plus connu et le plus souvent réalisé du tableau de bord ;

– **des indicateurs de qualité**. La qualité d'un bien ou d'un service est sa capacité à satisfaire les exigences du client. Il faut pour cela connaître les critères de satisfaction du client. Ce qui explique que nous remplissions des questionnaires d'évaluation à la fin des sessions de formation ou que dans des circonstances de plus en plus nombreuses, on nous demande notre opinion sur le produit ou service qu'on nous a vendu : hôtel, restaurant, etc.

Quelques exemples de
tableaux de bord

Voici quelques exemples de quelques de tableaux de bord empruntés à diverses fonctions de l'entreprise (figures 2.5, 2.6, 2.7, 2.8 et 2.9).

	Prévu	Réalisé	Écart
Quantité produite			
Quantité vendue			
CA H.T. total			
Prix de revient			
Marge			

Figure 2.5 - Exemple de tableau de bord commercial par produit

	Prévu	Réalisé	Écart
CA en portefeuille CA livré dans le mois			

Figure 2.6 - Exemple de suivi de carnet de commande

	Prévu	Réalisé	Écart
Nombre d'heures de marche Nombre d'heures d'activité Nombre d'heures d'entretien			

Figure 2.7 - Suivi de fonctionnement d'un atelier, machine par machine

	Prévu	Réalisé	Écart

Frais de personnel (y compris charges)
Dépenses d'investissement
      matériel
      logiciel
Contrats de maintenance
SSII
Consommables
Formation
Abonnement France Telecom			

Figure 2.8 - Budget du service informatique

	Prévu	Réalisé	Écart
Problème de livraison Malfaçons Mauvaise compréhension demande client Réclamation sans objet			

Figure 2.9 - Suivi de la qualité (réclamations)

T

Quelques conseils de réalisation

La conception du tableau de bord est de la responsabilité du patron (dans certaines entreprises, un contrôleur de gestion est là pour l'y aider). Sa collaboratrice l'aidera à en assurer la réalisation.

Pour qu'un tableau de bord soit lisible, il est préférable de ne pas vouloir en mettre trop. Trop de chiffres embrouillent et rebutent le lecteur.

Un tableau de bord doit être stable. Après quelques tâtonnements, vous arriverez à une formule et à une périodicité satisfaisantes. Conservez-les. Un tableau de bord qui change tout le temps est inexploitable parce qu'on ne peut pas faire de comparaisons dans le temps.

La forme est importante également. Un tableau de bord doit être clair, aéré et sans fioritures inutiles . Ne faites pas trop de quadrillages dans les tableaux; ils nuisent à la lisibilité.

On doit pouvoir l'identifier immédiatement : faites-y figurer un titre, une date, l'unité de mesure (est-ce en € en M€, en K€ ?). La TVA est- elle comprise ou non ? Précisez vos méthodes de calcul : par exemple «La région ouest ne comprend pas l'Aquitaine.», car ce qui vous parait évident au moment où vous constituez le tableau le sera moins quelques temps après pour vous et pour les autres.

Notions de statistique : quelques valeurs caractéristiques

Quand les nombres dont on dispose sont trop nombreux, utilisez quelques valeurs statistiques qui permettront de comparer plus facilement les résultats entre eux. Vous trouverez ci-dessous les plus simples et les plus fréquemment utilisées.

LA MOYENNE ARITHMÉTIQUE

Elle est bien connue et simple à calculer, mais elle ne suffit pas à elle seule, car elle peut dans certains cas ne pas bien rendre compte du phénomène qu'elle veut représenter.

Pour mémoire, rappelons que **la moyenne se calcule en additionnant l'ensemble des valeurs et en divisant ce total par le nombre de valeurs.**

Prenons l'exemple de la production de deux machines dans un atelier (figure 2.10).

	lundi	mardi	mercredi	jeudi	vendredi	moyenne
machine A	0 (panne)	2 000	500 (panne)	3 000	0 (panne)	1 100
machine B	1 000	1 000	1 000	1 000	1 000	1 000

Figure 2.10 - Exemple : production de deux machines dans un atelier (nombre de tonnes par jour)

Ces deux machines ont des moyennes de production très comparables. Peut-on les comparer pour autant ? Non bien sûr. L'une fonctionne par à-coups (trois jours sur cinq en panne, une très bonne production les autres jours) ; l'autre fonctionne régulièrement à un petit rythme.

C'est un exemple caricatural, certes, mais qui montre que la seule moyenne n'est pas suffisante.

L'ÉCART-TYPE (OU ÉCART MOYEN À LA MOYENNE)

Pour compléter les informations que donne la moyenne, on peut utiliser l'écart-type. Il donne une idée de la dispersion des valeurs autour de la moyenne. Autrement dit, plus il est grand, plus les valeurs sont dispersées autour de la moyenne, plus il est faible, plus les valeurs sont concentrées autour de la moyenne.

Son mode de calcul est le suivant : on prend la racine carrée de la somme des carrés des écarts à la moyenne des différentes valeurs, divisée par le nombre de valeurs.

Cela est plus simple qu'il n'y paraît. Suivez l'exemple ci-dessous (figure 2.11) et reportez vous à l'encadré « micro-ordinateur » plus loin dans le chapitre.

	lundi	mardi	mercredi	jeudi	vendredi	total
valeur	0	2 000	500	3 000	0	
écart à la moyenne	-1 100	900	-600	1 900	-1 100	
carré de l'écart	1 210 000	810 000	360 000	3 610 000	1 210 000	7 200 000

Figure 2.11 - Machine A : calcul de l'écart-type

Écart-type : (racine de 7 200 000) / 5 = 536
Machine B : écart-type = 0

LA MÉDIANE

Une autre valeur moyenne utilisée est la médiane. Elle présente l'avantage d'être peu sensible aux valeurs extrêmes, ce qui n'est pas le cas de la moyenne arithmétique.

Elle se calcule très simplement : c'est la valeur du milieu d'une série classée de manière croissante ou décroissante, ce qui revient au même (figure 2.12).

	machine A	machine B
	0	1 000
	0	1 000
médiane	500	1 000
	2 000	1 000
	3 000	1 000

Figure 2.12 - Exemple de calcul de médiane

LE POURCENTAGE

Il est bien utile pour rendre compte d'une variation.

Quelques rappels :

- – on calcule toujours le pourcentage par rapport à la valeur initiale et non par rapport à la nouvelle valeur,
- – on fait figurer l'écart au numérateur et pas le contraire,
- – on multiplie par 100.

Pourcentage = (écart / valeur initiale) x 100

	janvier	février	écart	%
machine C	3 500	5 000	1 500	42,86
machine D	10 000	12 000	2 000	20,00

Figure 2.13 - Exemple : calcul de pourcentages

L'INDICE

L'indice est très utilisé pour rendre compte de l'évolution d'un phénomène dans le temps. Un exemple bien connu est l'indice des prix (figure 2.14).

On décide que telle valeur à tel moment vaut 100 et on aligne tout sur cette base.

	1996	1997	1998	1999	2000
valeur absolue	15000	16000	16500	17000	19000
indice	100	107	110	113	127

Figure 2.14 - Exemple : la production de la machine A en tonnes (base 100 en 1996)

Le calcul est le suivant : on divise la nouvelle valeur par celle de l'année de référence et on multiplie par 100.
Calcul de la valeur de l'indice en 2007 (par rapport à 2003) :

$$(19\ 000/15\ 000) \times 100$$

Avec votre micro-ordinateur

Bien entendu, tous ces calculs peuvent être grandement simplifiés par l'utilisation d'Excel où toutes ces fonctions statistiques sont déjà programmées et très simples d'utilisation.

Quels graphiques utiliser ?

Un petit dessin vaut mieux qu'un long discours, paraît-il !

Les phénomènes apparaissent de façon plus frappante sur un graphique : les différences, et les évolutions sont mieux mises en valeur.

Mais n'en faites pas trop. Quelques graphiques bien conçus, c'est très bien ; trop de graphiques, c'est lassant.

Il existe plusieurs types de graphiques parmi lesquels il faudra choisir en fonction des valeurs que vous voulez représenter.

Quelques rappels, tout d'abord : un graphique à deux dimensions se trace le plus souvent dans un système composé de deux axes perpendiculaires, à échelle proportionnelle, c'est à dire où la même grandeur, une tonne par exemple, est repré-

sentée par la même longueur sur l'axe. D'autres échelles existent : semi-logarith-
mique ou logarithmique, mais nous ne les utiliserons pas dans ce chapitre, car
elles sont plus délicates d'interprétation.

L'axe horizontal est l'axe des abscisses ou axe des x ; l'axe vertical est l'axe des
ordonnées ou axe des y.

LES GRAPHIQUES D'ÉVOLUTION

Ils permettent de représenter l'évolution d'un phénomène dans le temps : le
chiffre d'affaires, l'absentéisme, le nombre de pannes ou la production. Tout ce
qui évolue dans le temps peut être représenté avec ce type de graphique.

Le type même du graphique d'évolution est la courbe

LES GRAPHIQUES DE RÉPARTITION

Ils mettent en évidence la répartition d'une grandeur : la décomposition d'un
chiffre d'affaires produit par produit par exemple.

Le camembert (de son vrai nom : diagramme en secteurs) les barres conviennent
bien à cette représentation.

Attention, un camembert ne doit pas comporter trop de parts (pas plus de huit) et
les parts doivent être triées en ordre croissant ou décroissant.

QUELQUES CONSEILS DE MISE EN PAGE

Des précautions s'imposent pour faciliter la lisibilité d'un graphique :

- un titre,
- une légende c'est-à-dire la signification des différentes couleurs ou
  trames,
- les échelles,
- les unités (en K€, en tonnes...),
- l'origine des données,
- la date.

Bibliographie

Caroline Selmer, _Concevoir le tableau de bord_, Dunod, Paris, 2003.

Troisième mission

Communiquer

1 - Communiquer oralement : maîtriser l'entretien téléphonique

Nous utilisons le téléphone depuis l'enfance. Le bébé a, dès son plus jeune âge, un tableau du type « Fisher Price » dans son parc où il peut déjà s'exercer à composer des numéros pour entendre la sonnerie du téléphone. Lorsque les enfants atteignent l'âge de quatre ou cinq ans, si votre téléphone est posé sur une table basse, vos amis et votre famille ne peuvent plus vous joindre, car votre ligne est toujours occupée ! Plus tard, vers l'adolescence, chacun dispose de son portable et y semble « scotché » toute la journée.

Eh oui ! le téléphone est un outil dont nous avons l'habitude de nous servir. Là est la difficulté car il devient au bureau un instrument de travail et notre comportement doit être professionnel.

Voyons ensemble les différentes phases d'un appel téléphonique et comment maîtriser cet outil avec facilité.

L'accueil

Le téléphone est ressenti par tous comme perturbateur. En effet, comme vous l'avez certainement remarqué, il sonne rarement quand on le voudrait mais plutôt lorsqu'on est occupé. De plus, il vous dérange du lundi matin, 8 heures jusqu'au vendredi soir, 17 heures. Pas de répit avec cet instrument de torture !

Et pourtant, que ferions nous sans téléphone ! On ne peut imaginer une entreprise se sans cet outil de communication. Il est indispensable.

C'est grâce à lui que nous communiquons avec l'extérieur. C'est par lui que nos clients internes et externes peuvent nous contacter rapidement, demander des informations ou nous en fournir, passer un supplément de commande, etc. Que de gain de temps. Imaginez une minute l'époque où tout se faisait par écrit. Il fallait des semaines pour conclure une affaire là où quelques heures suffisent aujourd'hui.

La première difficulté à laquelle il faut faire face, c'est l'accueil. En effet, quelle que soit l'heure de l'appel, quel que soit notre état de fatigue, notre qualité d'accueil doit être irréprochable.

Voyons un peu comment y parvenir.

Le téléphone est aveugle, dit-on. Il est vrai que c'est un de ses inconvénients (ou avantages). On ne vous voit pas, mais pourtant on vous devine.

Ne vous est-il jamais arrivé, à votre simple « Allô ! », que votre correspondant vous dise : « Tu as l'air en pleine forme ce matin » ou au contraire : « Oh ! là là ! ça n'a pas l'air d'aller aujourd'hui. » Pourtant, vous n'avez encore rien dit !

La voix est l'élément principal de notre communication au téléphone. C'est le véhicule de transmission et il est très sensible. Avez-vous remarqué qu'on associe au mot « voix » des adjectifs qui décrivent une personnalité :

- une voix chaleureuse,

- une voix timide,

- une voix autoritaire,

- une voix snob,

- une voix enjôleuse.

C'est donc cette voix qu'il faut travailler pour assurer un accueil professionnel.

Pensez-vous que l'on puisse changer de voix ?

Non, si vous avez une voix grave, vous ne chanterez jamais chez les sopranos et vice versa.

Cependant, on peut agir sur les différentes composantes de la voix et ainsi améliorer ses performances d'accueil téléphonique.

La voix est un tout, mais elle résulte de plusieurs éléments :

- le ton,

- le volume,

- le débit,

- l'articulation.

– _le ton_ : c'est la musicalité de la voix. On parle d'une voix monocorde, c'est-à-dire qui est toujours sur la même note. Ne vous est-il jamais arrivé, lors d'une conférence, de vous endormir alors que le sujet vous semblait passionnant. Le ton de votre orateur était sans chaleur, et votre attention était difficile à maintenir.

Voici un premier cadeau à faire à votre interlocuteur : colorez votre voix en jouant sur les notes. Alternez des mots plus ou moins graves ou aigus. Mettez de la « ponctuation » dans vos phrases, par exemple : une phrase interrogative doit se terminer par une voix plus aiguë qu'au début.

– *le volume* : certaines personnes ont de petits filets de voix et sont difficilement audibles. D'autres hurlent au téléphone et on a tendance à éloigner l'écouteur de son oreille pour ne pas risquer une déchirure du tympan ! Aucune de ces deux solutions n'est bonne, vous vous en doutez. Faites un deuxième cadeau à votre interlocuteur en adoptant un volume agréable à écouter, ni trop fort, ni trop faible. Cependant, augmentez le volume lorsque vous voulez affirmer quelque chose et diminuez-le lorsque vous voulez laisser passer un doute ou une confidence.

– *le débit* : on a souvent tendance à parler trop vite au téléphone. Le rythme moyen lorsque l'on parle de visu est de cent quatre vingt mots par minute. Au téléphone, il faut le réduire à cent vingt mots par minute pour être facilement audible. Faites l'expérience : enregistrez une conversation téléphonique et comptez le nombre de mots à la minute. Vous pourrez ainsi vous situer et corriger votre débit. C'est un troisième cadeau à faire à votre interlocuteur : ne parlez ni trop vite, ni trop lentement.

– *l'articulation* : voici le point le plus important et en général le plus mal maîtrisé. Comment mieux articuler ? C'est la respiration qui vous y aidera. Respirez avant de prendre la parole et commencez votre phrase au sommet de l'inspiration. Reprenez votre respiration tranquillement dès que vous sentez que les mots se bousculent.

Voici quelques petites phrases pour vous entraîner. Prononcez-les doucement en **articulant**. Chaque mot doit être distinct.

«Combien ces six saucissons-ci ? C'est six sous, ces six saucissons-ci»

«Si six cent scies scient six cent cigares, six cent six scies scient six cent six cigares»

«Dis moi gros gras grand grain d'orge, quand te dégros gras grand grain d'orgeras-tu ?

Je me dégros gras grand grain d'orgerai quand tous les gros gras grands grains d'orge se seront dégros gras grands grains d'orgés.»

«Je veux et j'exige » (attention : faites la liaison «je veux et »).

Ce sont de bons exercices d'articulation. N'hésitez pas à articuler. Vos lèvres doivent être très mobiles. Pensez aux chanteurs d'opéra ; ils ont une bouche très expressive qui permet presque de lire les paroles.

Voici le quatrième cadeau que nous vous proposons d'offrir à votre interlocuteur : l'articulation. Permettez-lui de comprendre l'intégralité de ce que vous dites sans avoir à vous faire répéter.

Ces quatre éléments (ton, volume, débit, articulation) rendront votre voix dynamique et chaleureuse. Votre enthousiasme et votre efficacité seront perçus par votre interlocuteur et rendront la communication plus facile.

N'oublions pas le cinquième et dernier cadeau : **le sourire**. Il s'entend dans la voix et est communicatif. Pensez aux speakerines de radio ; elles ont toujours une voix souriante et semblent heureuses d'être sur les ondes. Il faut copier ce comportement et avoir la même attitude vis-à-vis de nos clients du lundi au vendredi.

Chaque fois que nous décrochons le combiné, il faut se dire que la personne que nous allons avoir au bout du fil est la plus importante et déployer tous nos «charmes» pour être digne d'elle ! Il faudrait presque s'imaginer que les bonnes relations de notre entreprise avec ce « client » ne dépendent que de la qualité de notre accueil. C'est bien sûr aller un peu loin, mais à chaque coup de fil, nous représentons notre société au regard de la personne qui nous appelle. Souvenez-vous du « Allô » sec et peu engageant par lequel nous sommes accueillies par moment. Cette première mauvaise impression ne nous donne pas envie de continuer l'entretien, car on ne se sent pas bienvenue. De plus, et c'est plus grave, ce mauvais accueil reste gravé dans notre mémoire. Il suffira d'un problème mineur avec cette personne pour qu'elle se dise : « je le savais, je l'avais senti dès le premier contact. »

Alors, pour éviter ces déboires et représenter dignement notre entreprise, pensons à sourire et à être de vraies professionnelles de l'accueil.

Vous êtes en situation d'accueil dans deux cas distincts : en émission ou en réception d'appel.

Quelques conseils de formules à employer :
- en réception d'appel, lorsque vous assurez la fonction standard.
Évitez les « Allô !», « Allô ! oui », « Oui ».
Ce ne sont pas des formules d'accueil très sympathiques et vous donnez l'impression à l'interlocuteur qu'il vous dérange.
Privilégiez : « Société XX, bonjour ! »
Cette phrase a le double mérite d'éclairer l'interlocuteur sur la destination de l'appel et de lui souhaiter la bienvenue ;
- si le standard vous passe un appel.
Évitez « Allô », « Oui » « C'est pourquoi ? ».
Privilégiez : « Florence Martin, bonjour ! » ou « Florence Martin, secrétariat de Monsieur Duval, bonjour ! »
Si le standard ou une autre personne assurant ce rôle vous transmet un appel avec le nom de votre interlocuteur, n'hésitez pas à l'employer : « Monsieur Mathieu, bonjour ! ».
Le fait d'employer le nom de la personne est très valorisant pour ce dernier, car il se sent reconnu. De plus, cela montre l'efficacité de votre standard, car il aura retransmis le nom de l'appelant.

Vous réagissez peut-être en pensant : «Je ne vois pas pourquoi donner mon nom.» Cela nous semble primordial dans une relation efficace de travail. Vous avez certainement remarqué que, dans les grandes administrations, les personnes ont de plus en plus leur nom indiqué sur un chevalet. D'une part, on sait à qui on s'adresse (ce n'est donc plus l'anonymat) et d'autre part cela permet d'avoir un interlocuteur privilégié pour le suivi de dossier.

Il en est de même au téléphone. Le fait de donner votre nom : «Florence Martin, secrétaire de Monsieur Duval» vous positionne par rapport à l'interlocuteur. Il sera plus enclin à vous parler de la raison de son appel ou à vous laisser un message, s'il sait qui vous êtes et quelle est votre position par rapport à la personne demandée.

L'autre avantage de cette présentation est que, bien souvent, il déclenche en retour l'annonce du nom de l'interlocuteur. Il est difficile de ne pas se présenter face à quelqu'un qui le fait naturellement.

Voici donc les six points clés pour un accueil de qualité :

---

1 - avoir une voix chaleureuse, claire, dynamique,

2 - articuler pour être compréhensible,

3 - sourire,

4 - présenter l'entreprise (fonction standard),

5 - se présenter,

6 - dire bonjour.

Le filtrage : identification

C'est la seconde phase d'une communication téléphonique.

Après l'accueil, il s'agit pour vous d'identifier le nom et l'objet de l'appel. Ce n'est qu'à partir de ces données que vous déciderez de la suite de l'appel :

– trouver vous-même la solution, si cela fait partie de votre mission,

– décider de passer l'appel à la personne demandée,

– l'orienter vers une autre personne que vous savez plus apte à répondre à la demande.

Bien sûr, reste la solution du barrage que nous traiterons plus loin.

Le filtrage est le rôle de la secrétaire. Elle doit protéger son patron en lui évitant les appels qui ne lui sont pas destinés et en lui permettant de choisir s'il veut prendre l'appel ou non.

PREMIER FILTRAGE : OBTENIR LE « QUI »

En général, les personnes qui appellent précisent leur nom et celui de leur société. Si elles ne le font pas, c'est à vous d'obtenir ces informations de la manière la plus adroite possible.

Évitez : « C'est de la part ? » ou « C'est de la part de qui ? » qui font un peu interrogatoire de police.

Évitez aussi « Qui parle ? », « C'est qui ? » ou « Vous êtes qui ? » qui sont franchement peu professionnels et ne donnent pas une image très positive de votre entreprise.

Souvent, on entend : « Vous êtes Madame... ? » Ce n'est pas mal, car cela pousse l'interlocuteur à compléter avec son nom, mais prononcez cette phrase avec un grand sourire sinon cela ressemble, une fois de plus, à un interrogatoire.

La formule « Qui dois-je annoncer ? » ne peut être employée que si vous êtes certaine de passer la communication à la personne demandée. En effet, vous laissez entendre que cette personne est présente. Vous ne serez pas crédible si vous invoquez son absence.

Optez pour la simplicité et demandez avec le sourire : « Pouvez-vous me donner votre nom, s'il vous plaît ? » ou, si vos interlocuteurs sont toujours les mêmes : « Pouvez-vous me rappeler votre nom, s'il vous plaît ? » Les personnes donnent leur nom à cette simple demande dans 90% des cas. Il est d'ailleurs difficile de ne pas répondre sans se mettre dans une position de conflit.

Souvent, on vous répond : « C'est personnel ». C'est souvent une des difficultés évoquée par nos stagiaires. Que faire ? En effet, comment savoir si cela est vrai ou non. « Si je passe l'appel et que ce n'était pas vrai, je me fais réprimander. » « Si j'insiste pour avoir le nom, les gens s'énervent et je ne sais plus comment faire ».

Ce n'est pas facile. La question de la transmission ou non des appels personnels doit être discutée avec votre patron. Soit il prend ce type d'appel et vous le lui transmettez. Soit il vous demande de filtrer tous ses appels et vous devez obtenir le nom ou tout du moins une information susceptible de le renseigner sur l'origine de l'appel.

Exemple : « Dites-lui que c'est au sujet de la réunion du 24, il comprendra... » Cela peut être personnel ou professionnel, vous n'en saurez rien, mais votre patron pourra décider de prendre ou non l'appel.

Quand vous devez obtenir le nom, surtout ne vous lancez pas dans une série de mensonges du type : « Il est en réunion », « Il n'est pas à son bureau actuellement », si cela n'est pas vrai, car l'interlocuteur rappellera indéfiniment.

Dites les choses clairement et avec simplicité : « Je me permets d'insister, Monsieur, Monsieur Martin souhaite que nous lui annoncions le nom de ses correspondants. »

Pratiquez la méthode du disque rayé et reformulez cette phrase tant que vous n'obtenez pas satisfaction. Ce n'est pas votre curiosité qui est en jeu, mais une règle dans votre société.

Si votre interlocuteur insiste en usant de gentillesse : « Soyez gentille, Mademoiselle, c'est très important, essayez quand même de me le passer» et que vous ne savez pas comment faire pour vous en sortir, voici un petit conseil. Répondez-lui : « Je vais essayer, mais j'ai bien peur qu'il ne prenne pas la communication... » Faites comme si vous transmettiez l'appel et coupez vous-même la ligne !! Vous verrez que votre correspondant vous rappellera, s'il doit vraiment parler à votre patron, en vous disant « Vous aviez raison, je n'ai pas réussi à l'avoir. » Là, il vous donnera son nom ou une indication permettant de l'identifier.

SECOND FILTRAGE : OBTENIR LE « QUOI »

Munie du nom de votre correspondant, il vous faut maintenant connaître le motif de l'appel. En effet, c'est votre rôle d'orienter la communication en fonction du « quoi ». Peut-être pourrez-vous vous-même répondre à la question, et si vous devez transmettre l'appel, il est important que la personne demandée sache de quoi il s'agit. Cela lui permettra de sortir le dossier en question et de préparer ses arguments.

Évitez les : « C'est pourquoi ? » ou « C'est à quel sujet ? » Une fois de plus, ces formules font penser à un interrogatoire et sont peu professionnelles. De plus, elles montrent à votre correspondant que vous effectuez un filtrage et cela risque de provoquer une situation d'agressivité.

Privilégiez plutôt :

« Monsieur Durand, en quoi puis-je vous aider ? » Dans cette formule, vous employez le nom de votre interlocuteur. Cela lui prouve que vous l'avez bien identifié et que vous l'avez reconnu : il se sent pris en charge. « En quoi puis-je vous aider ? » vous pose à ses yeux comme une personne responsable et susceptible de lui répondre.

Bien entendu, cette proposition doit être faite d'une voix calme et souriante pour encourager le correspondant à vous confier la raison de son appel.

Un petit récapitulatif des formule « magiques » pour filtrer un appel :

1 - « Pouvez-vous me donner votre nom, s'il vous plaît. »
2 - « Monsieur Durand, en quoi puis-je vous aider ? »

Le barrage

Il arrive que, munie du nom de votre correspondant et de la raison de l'appel, vous sachiez que vous ne pouvez transmettre la communication, car ce type d'appel (représentants de matériels bureautiques, annonceurs d'encarts publicitaires) n'est pas accepté dans votre société.

Il est inutile de mentir et d'inventer à chaque fois de nouveaux motifs : « Monsieur Martin est en conférence, en voyage, etc. », car votre interlocuteur rappellera sans cesse tant que vous lui laisserez de l'espoir.

Soyez ferme et dites :

> « J'ai bien noté vos coordonnées et votre message. Monsieur Martin vous rappellera lui-même s'il souhaite donner suite à votre offre (à votre appel). Il est inutile de nous rappeler. »

Traitement de la communication

PRENDRE EN CHARGE

Bien souvent, le correspondant demande à parler à un « responsable » alors que vous pouvez traiter l'appel. Il faut alors le rassurer et lui montrer que vous êtes la personne concernée, que vous connaissez son dossier et que vous allez pouvoir répondre à sa demande.

Pour cela, n'hésitez pas à employer ce type de phrases :

« Bien sûr, Monsieur Dupont, je vais chercher votre dossier et pourrai ainsi vous donner la réponse. »

« Je consulte mon écran et vous donne très exactement votre position. »

« J'en ai parlé avec Monsieur Henri, notre technicien, il m'a chargée de vous dire que... »

« J'ai la grille des tarifs remise à jour et peux ainsi vous donner les nouveaux prix. »

Montrez à votre interlocuteur que vous avez les éléments pour lui répondre. Veillez à avoir une voix positive et dynamique.

TRANSMETTRE L'APPEL

À l'annonce de la raison de l'appel, vous déterminez que vous devez transmettre la communication à votre patron ou tout simplement que celui-ci attendait cet appel.

Attention au transfert d'appel ! C'est une opération simple, mais où doit s'illustrer votre professionnalisme.

Évitez de dire : « Je vous le passe ». Le jour où vous passerez Monsieur Martin au téléphone, nous aimerions être témoins de cette prouesse ! C'est encore plus drôle quand on entend : « Je vous passe le service. »

Cela est rare, mais vous l'avez certainement déjà entendu : « Je vous bascule la ligne » ! Cela manque un peu d'élégance !

> 1 - Transmettez l'appel à votre interlocuteur en annonçant le nom et la raison de l'appel.
>
> 2 - Dites à votre correspondant : « Un instant, je vous prie, je vous mets en communication avec Monsieur Martin ».

Il arrive que vous décidiez de transmettre la communication à une autre personne que celle demandée. Votre correspondant peut vouloir parler avec votre patron, mais, à l'annonce de la raison de l'appel, vous savez que celui-ci n'est pas le bon interlocuteur. C'est à vous d'orienter la communication sur la bonne personne. Prévenez votre interlocuteur que vous transmettez son appel à Monsieur Henri, spécialiste de ... ou responsable de ... qui est le plus apte ou le mieux placé pour lui donner l'information.

Valorisez cette personne pour sécuriser votre correspondant. Profitez-en pour lui donner son nom et son numéro de ligne directe ou de poste.

> Je vous mets en communication avec Monsieur Dubois qui est responsable de la comptabilité client. Si toutefois nous étions coupés, il a un numéro de ligne directe qui est le... Un instant, je vous prie.

PRENDRE UN MESSAGE

C'est une opération que vous répétez des dizaines de fois dans la journée : votre patron n'est pas à son bureau et vous ne pouvez donner l'information ; votre responsable ne veut pas être dérangé et vous demande de prendre les messages ; votre interlocuteur souhaite seulement que vous transmettiez une information.

Imaginons quelques instants le scénario suivant : vous êtes Madame Dupont qui désire laisser un message à Monsieur Martin de la société « Rapido ».

Vous :   Pouvez-vous dire à Monsieur Martin que le rendez-vous du 14 mars à 16 heures est annulé ?

La secrétaire : Oui.

Vous :   Que je souhaiterais le reporter au 16 avril à 14 heures.
La secrétaire : Oui.

Vous :   Dites-lui également que Monsieur Henri, le métreur, sera rempla-
              cé par Monsieur Carrier .

La secrétaire : Oui, d'accord, je le lui transmettrai.

Vous :   Demandez à Monsieur Martin de me rappeler pour donner son
              accord sur ce changement de date.

La secrétaire : D'accord, je le lui dirai. Au revoir, Madame.

Qu'en pensez-vous ? Êtes-vous certaine que votre message sera transmis intégra-
lement ? qu'il n'y aura pas d'erreurs dans les dates et les heures.

Vous demeurerez certainement pensive devant votre téléphone et déciderez pro-
bablement de rappeler plus tard pour vous assurer que Monsieur Martin a bien eu
le message.

Que s'est-il passé ? La secrétaire a pourtant entrecoupé chaque message par un
« oui » prouvant (à ses yeux) qu'elle avait bien compris.

Néanmoins, Madame Dupont n'a aucune preuve que son message arrivera à bon
port.

Lorsqu'on téléphone pour annoncer une nouvelle, transmettre une information à
quelqu'un, on est déçu de ne pouvoir avoir cette personne au bout du fil. La secrétaire qui propose de prendre un message doit d'abord comprendre la déception
du « client » et le rassurer sur le fait que son message sera transmis.

Nous vous proposons la phrase suivante :

> « Je suis désolée, Madame Dupont, Monsieur Martin est en rendez-vous à
> l'extérieur, mais laissez-moi votre message, je le lui transmets dès son
> retour. »

La seconde étape de cette prise de message consiste à reformuler chaque information importante.

Cette reformulation peut se faire

– mot à mot (reformulation écho) « Le rendez-vous du 14 mars est annulé... »

– ou bien avec d'autres termes (reformulation clarification) « Vous reportez le rendez-vous du 14 mars au 16 avril, c'est bien cela ? »

Cette technique permet de rassurer votre interlocuteur. Il est ainsi certain que son
message n'est pas déformé et que vous l'avez compris. N'hésitez pas, une fois la
reformulation terminée, à dire : « Je le lui transmets dès son retour, vous pouvez
compter sur moi ».

Une reformulation récapitulative en fin d'entretien vous permet d'en résumer les points forts. Vous le faites instinctivement, mais c'est une technique très pratique à employer avec les bavards ! Ces personnes ont tendance à noyer les informations importantes dans une foule de détails et la reformulation des points-clés permet de s'assurer de l'essentiel du message.

Dans l'exemple encadré, nous avons noté : « Je le lui transmets » et non « Je le lui transmettrai. » Cette première formule est plus sécurisante et montre votre dynamisme. Employez le présent, temps de l'action, et non le futur qui est plus hypothétique.

Voici quelques conseils supplémentaires pour la prise de message ; redemandez systématiquement :

---

le nom de l'interlocuteur,

le nom de la société,

l'adresse de la société (s'il y a un envoi à faire),

le numéro de fax de la société (s'il y a un envoi à faire),

le numéro de téléphone,

le numéro de poste,

le jour et l'heure du rappel souhaité par votre interlocuteur.

N'oubliez pas non plus de noter **le jour et l'heure** de la communication. Cela pourra vous servir comme référence lors d'un prochain appel.

Nous vous proposons de vous créer une fiche type pour la réception des messages (figure 3.1).

Elle comprend trois parties.

La première reprend toutes les rubriques de l'encadré. Ajoutez les points spécifiques à votre société : numéro de dossier, numéro de police, etc.

La deuxième partie servira à noter le jour et l'heure du rappel souhaité. Soyez précise. « Rappellera » ne suffit pas. Quand ? À quelle heure ?

Évitez les fameux « Urgent » qui ne veulent rien dire tant ils sont imprécis !

La troisième partie sera séparée en deux dans le sens de la largeur : une partie pour la prise de message, l'autre pour y noter, de la part du destinataire, les réponses à faire ou les suites à donner.

Nom	Date
Société	Heure
Adresse	E-mail
N° fax	N° portable
N° téléphone	
N° de poste	

| Rappellera | jour | Désire être rappelé | jour |
| | heure | | heure |

Message	**Réponses/commentaires**
	message pris par

Figure 3.1 - Fiche type de réception de message

Dans notre exemple, la secrétaire confirme sa compréhension par une série de « oui ». Évitez d'employer toujours le même mot. Variez-les : oui, bien sûr, je comprends, évidemment, d'accord, bien entendu, etc.

Ces petits mots vides de sens sont indispensables. Ils remplacent le hochement de tête, le jeu des yeux dans la conversation courante. Ils montrent à votre interlocuteur que vous l'écoutez.

FAIRE ÉPELER UN NOM PROPRE OU DE SOCIÉTÉ

Voici une des difficultés couramment rencontrées : la ligne est mauvaise, le nom compliqué, la personne parle trop vite... Comment faire épeler ce nom avec diplomatie ?

Évitez de dire « Parlez plus fort. », « Vous pouvez répéter. », « Parlez moins vite. »

En effet, il ne faut jamais incriminer le correspondant en lui laissant entendre que c'est de sa faute, si l'on a pas pu noter correctement son nom (même si c'est vrai !). Nous vous conseillons, dans un premier temps, de répéter les premières lettres de son nom, lentement, en finissant sur un ton interrogatif là où vous avez un doute : « Monsieur C A R R ? »

Si cela ne suffit pas, dites : « Pouvez-vous m'épeler votre nom, s'il vous plaît , afin que je le note ? »

Si vous avez encore un doute, dites : « J'ai bien noté, Monsieur Carrier, C A R R ? » en appuyant bien sur la lettre qui vous pose problème.

En général, si on laisse entendre au correspondant que l'on a besoin de son nom correctement orthographié pour bien remplir son dossier, sa fiche, en fait pour être efficace, il est rare qu'il ne l'épelle pas.

PRÉPARER L'APPEL

Jusqu'ici, nous avons traité les appels entrants. Vous devez aussi appeler des correspondants pour le compte d'un de vos responsables ou, tout simplement, pour leur transmettre ou leur demander des informations.

Ne vous est-il jamais arrivé d'appeler quelqu'un pour lui parler de deux ou trois points et, lorsque vous raccrochez le téléphone de dire : « Zut, j'ai complètement oublié de lui dire que... ? » Vous êtes alors obligée de rappeler la personne (donc de la déranger une deuxième fois) en la priant de vous excuser d'avoir oublié de lui dire que...

Cette anecdote prouve une mauvaise préparation de l'appel.

Pour y remédier, nous vous proposons une préparation mentale avant chaque appel. Cela consiste à :

– réfléchir quelques instants pour penser à ce que l'on veut dire,
– noter les points que l'on veut aborder.

Une préparation matérielle est aussi indispensable :

– penser aux « outils » dont vous aurez besoin au cours de la conversation : annuaires, plannings, tarifs, agenda, etc.,
– se munir d'un bloc-notes, d'un stylo,
– sortir le dossier de votre correspondant.

Tout ceci dans un but d'efficacité. Il est très énervant d'entendre quelqu'un qui vous appelle dire : « Je vais chercher votre dossier » ou « Excusez-moi, mon stylo n'écrit plus ; il faut que j'en prenne un autre. »

N'oubliez pas que l'image (organisée ou désorganisée) que vous donnez rejaillit sur votre société.

Faire face aux situations difficiles

Certaines fois, on aimerait pouvoir raccrocher le téléphone « au nez » de l'interlocuteur ou bien transmettre la communication à notre supérieur pour voir comment il s'en tirerait avec une personne aussi difficile.

Les situations difficiles sont :

- les bavards,
- les silencieux/hésitants,
- les agressifs.

LES BAVARDS

Avec eux, on a envie de poser l'écouteur et d'attendre la fin ! Ils ont beaucoup de mal à en venir au fait et remontent à Mathusalem pour n'importe quel problème.

Que faire ?

Employez la technique des questions fermées ou semi-ouvertes :

questions fermées :   « C'est Monsieur Untel qui s'occupe de ce dossier ? »

« Quel est le nom de la personne à contacter ? »

questions semi-ouvertes : « A qui dois-je m'adresser ? »

Ces trois questions appellent une réponse précise et ne laissent pas à l'interlocuteur la possibilité de raconter sa vie.

Avec les bavards, il faut maîtriser la communication en limitant le champ des réponses possibles.

Ne les laissez pas partir dans de longues explications. Coupez-leur la parole en reformulant l'information qu'ils vous donnent et en la faisant suivre d'une question fermée.

Exemple :

- « Vous me dites que c'est Monsieur Untel qui s'occupe du dossier ? »
- « Oui. »
- « À quelle adresse puis-je lui envoyer les nouveaux tarifs ? »

LES SILENCIEUX ET LES HÉSITANTS

Ce sont ceux avec qui il faut user de beaucoup de patience pour obtenir des informations. Ils vous répondent « oui », « non », mais ne donnent pas d'explications supplémentaires.

Que faire ?

Contrairement aux bavards, employez le moins possible les questions fermées et semi-ouvertes. En effet, celles-ci réduisent la possibilité de répondre et vous n'obtiendrez que des oui ou des non.

Employez les questions ouvertes :

« Qu'entendez-vous par... ? »

« Que pensez-vous de... ? »

« Comment envisagez-vous... ? »

Ces questions obligent votre interlocuteur à s'exprimer. Il ne peut répondre par oui ou par non et doit vous donner quelques bribes d'informations.

Avec les « hésitants », reformulez régulièrement les informations importantes pour vous les faire confirmer.

Exemple : « Vous me dites donc que... »

Si vous n'avez pas recours à cette technique, vous risquez de n'avancer que très lentement dans votre entretien téléphonique et de ne plus savoir ce qui est acquis et ce qui ne l'est pas.

LES AGRESSIFS

Qui d'entre nous n'a pas subi une agressivité injustifiée au téléphone ? C'est très désagréable.

Il existe deux sortes d'agressivité.

La première s'illustre par la grossièreté. Nous n'irons pas par quatre chemins et notre conseil est simple : vous n'avez pas à vous faire injurier ; raccrochez sans explications.

La personne verra ainsi que sa technique ne fonctionne pas et que vous ne vous laissez pas impressionner. Elle se calmera et vous rappellera de manière moins agressive. Inutile d'essayer de la calmer avec des « Cessez vos grossièretés ou je raccroche ». Elle n'entend pas et cela ne sert à rien.

La deuxième sorte d'agressivité, la plus fréquente (heureusement) s'illustre par des reproches, des griefs abusifs qui vous sont adressés sans raison. En général, l'interlocuteur parle vite, fort et multiplie par dix ou cent ce qu'il vous dit.

Exemple : « C'est toujours comme cela avec votre société, on ne peut jamais vous faire confiance... ».

L'incident part d'un rien, d'un détail (à vos yeux) et devient une montagne.
Que faire ?

Voyons un peu d'où vient l'agressivité.

Pensez un peu aux expressions populaires : «ras le bol», «la coupe est pleine», qui montrent bien qu'à certains moments on aura du mal à absorber une contrariété supplémentaire. Il suffit alors d'un petit rien ou d'une mauvaise nouvelle pour que «la goutte d'eau fasse déborder le vase». C'est à ce moment-là que le contrôle de soi devient difficile et c'est souvent l'origine de ce débordement.

Lors d'une agressivité au téléphone, pensez que votre correspondant doit être dans cette situation. L'objet du reproche (retard de livraison) ou l'incident mineur (il n'a pas reçu votre lettre au jour convenu) est la goutte d'eau. Toutes les contrariétés, toutes les difficultés accumulées depuis le matin resurgissent tout à coup.

Bien sûr, nous n'y êtes pour rien et c'est vous qui vous faites agresser. Ne vous justifiez pas, n'essayez pas d'interrompre le flot de paroles de votre correspondant : ce serait peine perdue. Il ne vous entend pas et il faut le laisser «vider son sac». Pensez au ballon de baudruche et laissez-le se dégonfler complètement avant d'intervenir.

Avec une personne agressive, voici la bonne technique :

1 - écoutez l'intégralité de ce qu'elle vous dit sans l'interrompre ;

2 - notez les faits reprochés (exemple : retard). Ne tenez pas compte des qualificatifs ou superlatifs (exemple : systématiquement) ;

3 - lorsqu'elle a fini de s'exprimer, prenez la parole avec une courte phrase de compréhension (voix calme, détendue, bonne articulation, débit relativement lent) : «Je vous comprends», «Cela ne doit pas être facile» ;

4 - dites «Un instant, je prends votre dossier» pour sécuriser l'agressif et lui montrer que vous êtes l'interlocutrice susceptible de lui répondre ;

5 - vérifiez l'exactitude des faits : posez des questions précises dont les réponses permettent de mieux cerner le problème, si problème il y a ;

6 - reformulez les faits ;

7 - suggérez une solution ;

8 - concluez en reformulant les engagements de chacun ;

9 - finissez l'entretien par une phrase sécurisante : «Vous pouvez compter sur moi» «Comptez sur moi, je vous l'envoie aujourd'hui même».

Entraînez-vous et vous en tirerez une très grande satisfaction. Votre professionnalisme sera reconnu par la maîtrise dont vous avez fait preuve.

Gérer les crises d'agressivité peut devenir amusant et, en plus, vous n'en sortirez plus « vidée » avec ce sentiment d'injustice. Vous serez considérée comme un interlocuteur privilégié.

Le répondeur ou la boîte vocale

Voilà des outils bien pratiques mais qui rencontrent encore beaucoup de résistance.

Test 4
Ami ou ennemi ?

Faites donc ce petit test ´A mi ou ennemi ? » pour connaître votre degré de familiarité avec cet outil et vérifiez vos réponses en fin d'ouvrage.

	Toujours	Souvent	Rarement	Jamais
1 Quand je «tombe» sur un répondeur, je raccroche.				
2 Je ne laisse un message que si j'y suis obligée.				
3 Une fois sur deux, je laisse un message incomplet.				
4 Je ne fais pas confiance au répondeur et rappelle pour redonner mon message de vive voix.				
5 Le temps de parole est trop court.				
6 J'ai du mal à aller à l'essentiel.				
7 Je pense que le répondeur fait gagner du temps.				
8 Je dis toujours le jour et l'heure de mon appel.				
9 Je rappelle systématiquement mes coordonnées : nom, numéro de téléphone, numéro de poste.				
10 Je répète mes coordonnées en fin de message.				

QUELQUES IDÉES POUR VOTRE RÉPONDEUR OU VOTRE BOÎTE VOCALE

Votre message dacc ueil est l'image sonore du dynamisme de votre entreprise. Changez le souvent, adoptez une voix souriante et chaleureuse. Bref, grâce à la convivialité de votre message, encouragez vos interlocuteurs à ne pas raccrocher et à donner le motif de leur appel.

COMMENT CONSTRUIRE UN BON MESSAGE

> - Bonjour.
> - Vous êtes en communication avec la Société XX.
> - Nos bureaux sont ouverts de... à...
> - Nous vous invitons à laisser un message.
> - Précisez votre nom, votre numéro de téléphone et l'objet de votre appel.
> - Merci de votre compréhension.

Dites ce texte avec le sourire et en articulant. Donnez à vos correspondants une image chaleureuse pour ne pas briser le contact. Soyez convaincante, sinon les réticents auront du mal à vous laisser quelques renseignements.

VOTRE INTERLOCUTEUR EST UN RÉPONDEUR OU UNE BOÎTE VOCALE

Très souvent, nos stagiaires nous disent que leur premier réflexe est de raccrocher ! En effet, nous avons tendance à décrocher le téléphone pour obtenir une information, transmettre un message sans avoir pris le temps de noter ce que nous avons à dire. Le message enregistré nous surprend et nous ne savons pas quoi dire.

Si votre interlocuteur branche un répondeur, c'est pour que vous puissiez laisser votre message. Ne le décevez donc pas ! Donnez :

- votre prénom et votre nom,
- le nom de votre entreprise,
- la date et l'heure de votre appel,
- la raison de cet appel, mais sans entrer dans les détails (par exemple : c'est au sujet du rendez-vous du 15 à 16h30),
- le numéro de téléphone auquel il peut vous rappeler,
- les délais de ce rappel (par exemple : avant le 12 à 16 heures),
- une formule de fin d'entretien.

Vous gagnerez du temps en évitant de multiples rappels pour trouver votre interlocuteur et il en gagnera aussi.

Formules usuelles pour téléphoner en anglais

Il vous est certainement arrivé de paniquer en recevant à l'improviste un appel téléphonique de l'étranger.

L'anglais est la langue internationale. Nous vous proposons quelques formules pour faire face à ce type de situation.

Établissements Martin, bonjour	Établissements Martin, good morning.
Geneviève Vimeux, service commercial, bonjour.	Sales, Geneviève Vimeux, speaking.
Christine Derville, puis-je vous être utile ?	Christine Derville, may I help you ?
Qui le demande ?	Who is calling please ?
Pouvez-vous épeler votre nom, s'il vous plaît ?	Could you spell your name please ?
Pourriez-vous me redire le nom de votre société, s'il vous plaît ?	Would you please repeat your company's name ?
Je vous passe la comptabilité.	I put you through to the accounting department
Puis-je prendre un message ?	May I take a message ?
Voulez-vous laisser un message ?	Would you leave a message ?
Je lui donnerai votre message.	I'll give her/him your message.
Excusez-moi, j'ai un appel sur l'autre ligne.	Excuse me, but I have a call on the other line.
Nous avons une réunion dans cinq minutes, puis-je vous rappeler plus tard ?	We have a staff meeting in five minutes, may I call you back ?
Ne quittez pas s'il vous plaît, je vais voir s'il est dans son bureau.	Hold on please, I'll see if he's in his office.
Merci d'avoir appelé.	Thank you for calling.

2 - Communiquer par écrit

Au cours de ce chapitre, nous aborderons trois points importants de l'expression écrite: la rédaction de courriers, la prise de notes et la rédaction de comptes rendus et enfin la rédaction de résumés et de synthèses.

Test 5
Êtes-vous une «pro» des usages épistolaires ?

Exercez-vous et vérifiez vos réponses en fin d'ouvrage.

	Vrai	Faux
1 – Le titre de votre correspondant doit obligatoirement être placé sous son identité. Par exemple : Monsieur E. d'Ecancourt Président Directeur Général		
2 – «Je vous prie de croire, Madame, à mes sentiments distingués» est une bonne formule de politesse.		
3 – «Veuillez croire à l'expression de mes sentiments distingués» peut être employé comme formule de politesse.		
4 – Société Dupont 25 avenue Georges V 75008 Paris à l'attention de Monsieur Martin ARNAUD Vous allez commencer cette lettre par : «Messieurs,»		
5 – La mention «à l'attention de» peut être placée : – sous la suscription, – juste avant le début du texte de la lettre, dans l'alignement de la marge de gauche.		
6 – Sur une enveloppe, on peut abréger le titre de son interlocuteur. Par exemple : – Mme Florence de Lamotte, – Dir Général.		

	Vrai	Faux
7 - Dans une lettre professionnelle, lorsqu'on connaît bien son interlocuteur, on peut écrire : « Cher Monsieur Arnaud ».		
8 - Dans la suscription, il est préférable de laisser une ligne blanche avant le code postal et la ville.		
9 - La police de caractères Times a été créée pour le journal du même nom.		
10 - Le rédacteur doit signer au-dessus de son nom dactylographié.		

«L'encre la plus pâle est la meilleure mémoire» (proverbe chinois)

Depuis longtemps, les hommes ont cherché à communiquer entre eux par écrit. Les Sumériens et les Assyro-Babyloniens se servaient de tablettes d'argile, les Égyptiens utilisaient le papyrus. Les tablettes de bois recouvertes de cire ou le parchemin servaient de support aux Romains et, de nos jours, le papier est le matériau privilégié de nos communications écrites.

On aurait pu penser qu'à une époque où les outils modernes, tels le mail, le fax, et le téléphone, mettent la terre entière à quelques secondes d'accès, l'importance accordée à une lettre diminuerait.

Bien au contraire, ce moyen de communication reste primordial dans nos échanges professionnels. C'est par la lettre que s'amorcent, s'instaurent et se poursuivent les relations d'affaires entre votre entreprise et ses clients ou fournisseurs.

«Les paroles s'envolent, les écrits restent.»

Il ne faut pas oublier que nos courriers peuvent, sur le plan juridique, servir de preuve et être invoqués en cas de contestation. Il faut donc veiller à toujours être clair et précis. Attention à ne rien affirmer à la légère. Vérifiez avant d'écrire.

La lettre d'entreprise est aussi un moyen de publicité : nous serons bien ou mal perçu par le client et c'est notre entreprise qui bénéficiera ou non de cette bonne image.

La lettre

Suivez donc la méthode des 3 C pour rendre vos écrits encore plus efficaces, et n'oubliez pas que si le fond d'une lettre est très important, la forme ne l'est pas moins. Il faudra donc soigner aussi bien l'un que l'autre.

LA MÉTHODE DES TROIS C

Pour que vos lettres soient attrayantes, appliquez la méthode des trois C.

Clarté

- Aérez votre présentation.
- Respectez les règles de lisibilité.
- Employez les mots justes (ayez toujours un dictionnaire à portée de main).
- Soyez précise dans vos demandes ou réponses.

Concision

- Privilégiez les phrases courtes : sujet + verbe + complément direct ou indirect + complément circonstanciel (temps, lieu, etc.).
- Un argument par phrase.
- Une idée par paragraphe.
- Veillez à un enchaînement logique des faits.

Courtoisie

Les relations entre l'émetteur et le destinataire doivent toujours demeurer cordiales même dans le cas de réclamations. On traite d'affaires, et même s'il faut rester très ferme dans certains courriers, les formules de politesse doivent être très courtoises.

L'objectif principal d'un courrier est d'être lu ! Cela paraît évident, mais avez-vous toujours envie de lire certaines lettres jusqu'au bout ? Non ! elles sont souvent mal présentées, les informations ne sont pas mises en valeur et souvent illisibles, incompréhensibles.

Pour rendre vos courriers plus efficaces, nous vous proposons de réfléchir à deux aspects : la forme et le fond.

LA FORME (les mentions obligatoires)

C'est tout ce qui donnera au lecteur l'envie ou non de lire votre lettre. La présentation doit être irréprochable, car elle reflète l'image d'une société qui soigne ses apparences.

L'en-tête

La plupart des courriers professionnels se font sur des feuilles à en-tête imprimé.

La suscription

Ce bloc indique le nom du destinataire, son titre, sa fonction dans l'entreprise telle que « Directeur administratif » et l'adresse. Il sert d'adresse postale lorsqu'on utilise des enveloppes à fenêtre : une ligne par élément de la suscription, le nom du correspondant et celui de la localité peuvent être écrits en majuscules.

Si vous voulez envoyer un courrier à une personne précise :

> Monsieur Martin ARNAUD
> Directeur artistique
> Société XX
> 25 avenue Georges V
> 75008 PARIS

Si vous ne voulez pas adresser votre lettre à une personne en particulier, mais mentionner à qui elle doit être remise en premier

> Société XX
> 25 avenue Georges V
> 75008 PARIS
> à l'attention de Monsieur Martin ARNAUD

Cette mention peut être également placée juste avant le début du texte de la lettre dans l'alignement de la marge de gauche.

Le bloc références

Il facilite le classement du destinataire et de l'expéditeur.

– «*Vos références*» (v/réf.) :
  - permet à la secrétaire du destinataire de retrouver le dossier qui correspond à la lettre qu'il reçoit,
  - permet de reprendre les références du client.

– « *Nos références* » (n/réf.) :
  - sert également à identifier la lettre, le dossier,
  - en général, ce sont des abréviations ou des numéros (initiales du rédacteur, du signataire, numéro d'enregistrement).

– « *Votre correspondant* » «*votre contact* » : avec son numéro de téléphone :
  - permet, si le chargé de dossier est autre que le signataire, de savoir qui joindre et comment.

– « *Objet* » :
  - permet au destinataire de connaître le sujet de la lettre,
  - il doit être court, exemple :
    - « remise exceptionnelle de 10% »,
    - « votre facture 8560 du 10 novembre 2007 ».

Les pièces jointes ou annexes

Cette rubrique peut faire partie du bloc références ou se mettre en bas de la page avec le post-scriptum.

Elle sert à indiquer les documents qui accompagnent la lettre. Ne pas oublier d'indiquer très précisément le nombre de pages, d'articles, etc. pour que le destinataire puisse vérifier s'ils sont tous présents.

Les lieu et date de rédaction

Ils permettent un classement chronologique des différentes lettres reçues. Ils se placent en haut à droite.

Un conseil : si le cachet de la poste ne concorde pas avec la date indiquée sur la lettre, conservez la lettre et l'enveloppe. En cas de litige, vous pourrez avoir une preuve du retard du courrier.

La disposition du texte

Il faut veiller à l'équilibrage du texte dans la page (jeu des marges, centrage des titres).

Si le texte est court, il doit occuper la partie centrale de la page.

Un texte compact est difficile à lire. Aérez-le en le divisant en paragraphes. N'oubliez pas de ne mettre qu'un message par paragraphe!

Vous voulez mettre en valeur un élément de la lettre (délai, prix, remise), alors n'hésitez pas à le mettre en gras.

L'appellation

La formule choisie doit se retrouver dans la formule de salutation finale.N'utilisez jamais d'abréviations.

Utilisez :

- en général, Monsieur ou Madame,
- le titre, si vous vous adressez à une personne déterminée et qui occupe une position importante dans l'entreprise : Monsieur le Directeur, Monsieur le Président-directeur général.
- Messieurs, pour une lettre adressée à une société, à un service. L'appellation Madame, Monsieur est de plus en plus utilisée. C'est une pratique tout à fait judicieuse. En effet, il y a plus de chances qu'une lettre soit lue par une femme plutôt que par un homme, compte tenu du grand nombre de femmes dans les activités administratives. Choisissez Messieurs aussi, si vous écrivez : « à l'attention de Monsieur Martin ». En effet, vous savez que cette lettre sera lue par plusieurs personnes et vous vous adressez à toutes ! Si votre lettre est : « à l'attention de Madame Martin », vous devez également opter pour « Messieurs ». En français, le masculin pluriel l'emporte!

Les formules de politesse

Privilégiez les formules simples et efficaces:

- Bien cordialement,
- Sincèrement à vous,
- Respectueusement.

Vous préférez une formule plus classique?

- Acceptez, cher M..., mes sincères salutations
  mes respectueuses salutations.
- Je vous prie de croire, M..., à mes sentiments dévoués
  distingués
  les meilleurs.
- Recevez, cher M..., l'expression de ma haute considération.
- Veuillez croire, cher M..., à l'assurance de nos sentiments...
- Je vous prie d'accepter mes sincères salutations.

Ne commettez pas certaines erreurs :

– Évitez d'employer le mot «sentiments» dans une formule de politesse adressée à une femme.
Préférez : «respectueuse considération»,
«respectueux hommages.»
– Utilisez avec modération :
• «distingué», cet adjectif est très galvaudé et banalisé,
• «agréer», ce verbe ne correspond plus à grand-chose dans le langage contemporain.

La signature

C'est la signature qui authentifie l'écrit. C'est elle qui donne à nos courriers la qualité d'acte en les rendant valables juridiquement.

Le nom du signataire, ainsi que sa qualité, doivent être dactylographiés. La signature manuscrite sera faite juste au-dessus.

S'il y a plusieurs signatures, celle du responsable hiérarchique se fera à gauche.

Le post-scriptum

Il ne doit pas contenir d'informations très importantes car cela donnerait l'impression que vous avez écrit à la hâte en oubliant l'essentiel.

Il ne doit pas être long.

Ne vous en servez que pour rappeler un fait important ou faire terminer la lecture par un message particulier.

Par exemple :

– «Réponse souhaitée avant le 11 octobre»,
– «À partir du premier juillet à 9 heures un numéro vert est à votre disposition»
– «10% sur la gamme XX jusqu'au 15 avril 2008»

LE FOND

Une lettre bien structurée comporte une introduction, un développement ou corps de la lettre et une conclusion. Elle est ainsi plus facile à lire et atteint donc son objectif qui est d'informer rapidement et clairement.

L'introduction

Bien souvent, ce premier paragraphe est trop long et pourrait être supprimé, car il n'apporte rien à la lettre.

Une réponse à un courrier

– Abandonner les phrases stéréotypées.

  Par exemple : «En réponse à votre lettre du 10 courant.», «Pour faire suite à votre demande de renseignements concernant nos produits.» S'il s'agit d'une réponse à une demande, cela est indiqué dans le bloc références. Il est donc inutile de le répéter !

– Entrer directement dans le vif du sujet.

  Par exemple : « Vous vous intéressez à notre machine XXXX», «Vous souhaitez connaître les applications du système...», «Vous nous faites parvenir votre facture portant sur...»

– Remercier de l'intérêt que le client porte à votre produit ou service s'il y a lieu.

  Par exemple : «Merci de l'intérêt que vous portez à notre...», «Nous vous remercions de l'intérêt que vous portez à notre collection...»

Il faut que votre interlocuteur soit concerné par ce début de lettre et ait envie d'en savoir davantage.

Le corps de la lettre

C'est bien sûr la partie la plus importante. Qu'il s'agisse d'une réponse à un courrier (demande de renseignements, lettre de réclamation, etc.) ou d'un premier contact, cette partie de la lettre demande une préparation minutieuse.

Réponse à une lettre

Il faut, dans un premier temps, analyser de façon objective ce que nous dit l'expéditeur. Pour cela, nous allons vous donner quelques conseils.

– Faire deux lectures de la lettre. La première sera «affective». Nous réagirons instinctivement en adhérant ou en critiquant le contenu. La deuxième lecture permettra de noter, sans parti pris, les points abordés par notre correspondant. Notez dans l'ordre les questions, critiques ou idées émises par votre client.

– Après avoir identifié les demandes de l'interlocuteur, la seconde démarche consiste en une réflexion sur les objectifs de ma réponse : est-ce un accord, une acceptation sous conditions, un refus ?

  Il faut savoir clairement ce que l'on veut dire pour être précis et concis dans le texte.

Faites une analyse critique :

– notez en face de chaque affirmation, question, suggestion de votre correspondant vos éléments de réponse (prix, quantité, délai, composition, conditions d'utilisation, etc.) ;

– sélectionnez les arguments que vous allez utiliser pour convaincre. N'oubliez pas : on convainc avec des faits, pas avec des opinions.

«Ce produit connaît un vif succès»—-> opinion

«Ce produit a été vendu à XXX exemplaires» —-> fait

«Votre courrier a eu du retard»—-> opinion

«Votre courrier nous est parvenu le...» —-> fait ;

– soyez précise dans votre argumentation. Donnez des chiffres, des références qui appuient ce que vous affirmez. Attention, ne noyez pas votre interlocuteur sous un flot d'informations. Répondez à sa demande.

Première lettre, premier contact

– Après l'introduction, présentez votre entreprise, votre service. Citez son domaine d'expertise, ses spécificités.

– Dites en quoi vous pouvez être utile, faites votre offre, exprimez votre demande. Elle doit être repérable rapidement dans votre lettre.

– Employez «vous», plutôt que «nous» :

«Vous faire bénéficier»,

«Vous permettre de tester.»

Après avoir répondu à la demande ou avoir fait votre offre, il faut proposer à votre interlocuteur de le rencontrer, de continuer cette communication par oral.

Bien souvent, on trouve les formules «Dans l'attente...», «Espérant avoir de vos nouvelles...». Cela ne suffit pas ! Il faut avoir une démarche plus dynamique. C'est à vous d'aller vers le client et non au client d'aller vers vous.

Dites plutôt :

– «Geneviève Derville, notre expert, est heureuse de répondre à toutes vos questions au XX XX XX XX» ;

– «N'hésitez pas à contacter Monique Dumans, notre assistante au XX XX XX XX» ;

– «Christine Vimeux, responsable de secteur, vous contactera pour vous rencontrer et pouvoir ainsi répondre à toutes vos questions» .

CONCLUSION

Pour les courriers commerciaux, il faut respecter deux phases.

Dans la première, il s'agit de souhaiter développer des relations de partenariat.

Montrez que vous seriez heureuse de traiter avec eux, que leur entreprise vous intéresse.

La seconde phase doit commencer par un remerciement (« Merci de votre confiance ») et finir par une formule de politesse.

Pour les courriers administratifs, la conclusion doit pousser à l'action en proposant un délai, un rendez-vous : « Nous comptons sur votre réponse avant le... ».

N'oubliez pas la formule de politesse, bien sûr. Elle fait l'objet d'un paragraphe à part et ne doit pas être confondue avec la conclusion.

La note de service

La note de service a pour objet de transmettre des informations ou des consignes. Elle doit comporter les mentions suivantes :
- L'objet de la note (le titre).
- L'indication du destinataire.
- L'indication de l'émetteur.
- La date d'émission.
- Le lien avec d'autres notes : annule et remplace ou complète des notes antérieures.
- Des références et numérotations pour faciliter le classement

Conseils de rédaction :
- Une idée par note.
- Soyez précis et concis : les destinataires doivent comprendre clairement ce qu'ils ont à faire.
- Respecter les règles de la rédaction efficace : phrases courtes, mots simples et concrets, formulation positive.
- Soyez convaincant : il faut que les destinataires soient motivés pour faire ce qu'on leur demande
- Expliquez le **POURQUOI** de la consigne, ce qui permet de comprendre et justifie son application (par exemple : « en raison de la multiplication des accidents du travail, vous êtes priés d'appliquer strictement les règles de sécurité »).
- Soyez affirmatif, sans agressivité, ni passivité.

L'e-mail

Le nombre de comptes e-mail devrait à très court terme dépasser le nombre d'abonnements téléphoniques. La connaissance des règles d'utilisation de cet outil est donc très importante.

En effet, un message téléphonique ne se rédige pas comme une lettre ou un fax :

– Rédigez très soigneusement le champ objet : sujet clairement défini pour éviter une remise de la lecture à plus tard, voire un classement hâtif par les règles de gestion.

– Le corps du message :

• Choisissez un « bonjour »plutôt qu'un « cher Monsieur » et un « cordialement », plutôt qu'un « sincères salutations »

– Placez en **début de page** les informations les plus importantes ;

– Evitez les énumérations fastidieuses, utiliser plutôt des **listes à puces** ;

– Si votre page est chargée, renoncez à tout mettre sur le même écran, ajoutez plutôt un **mini-sommaire.** Votre correspondant ne risquera pas de manquer une information importante et choisira d'aller vers le point qui l'intéresse sans être obligé de tout lire ,

– Ne **surchargez pas** vos textes avec des attributs typographiques (gras, italique) ;

– Si une certaine convivialité est de règle dans la communication électronique, évitez trop de smileys[1], surtout dans les messages destinés à l'externe

Prise de notes, comptes rendus

Participer aux réunions, prendre des notes et établir les comptes rendus sont des activités qui permettent vraiment à la secrétaire d'accomplir son rôle : être au courant de tout ce qui se passe dans le service et par conséquent mieux en comprendre l'activité.

---

1 Les smileys sont de petits pictogrammes sensés transmettre l'humeur de leur auteur. A déchiffrer la tête penchée sur le côté.
Exp : je suis content se dit :), je me marre se dit :))

Le compte rendu n'a pas pour vocation de restituer l'intégralité de la chronologie des débats. Ceci est le rôle du procès-verbal qui est un document plus officiel signé par les participants et qui doit rendre fidèlement compte des échanges qui ont eu lieu.

Il faut noter toutefois qu'on rencontre bien souvent en entreprise des documents à caractère de procès-verbal intitulés « compte rendu de la réunion du... ».

Le compte rendu de réunion est un outil de travail qui permet de gérer l'avancement des projets.

Il doit donc être :

- d'utilisation pratique, c'est-à-dire synthétique, permettant d'aller directement à l'essentiel, au renseignement dont on a besoin ;

- plutôt thématique que chronologique : dans ce type de document, il n'est pas utile de savoir que tel point a été abordé avant tel autre. Il est préférable de trouver regroupé en un même passage tout ce qui a été dit d'important sur un sujet ;

- fidèle, ce qui n'est pas le contraire de synthétique, mais signifie qu'il ne doit pas refléter votre opinion.

PRÉPARATION DE LA PRISE DE NOTES

Avant d'assister à la réunion, une préparation s'impose pour ne pas être perdue.

- Savez-vous dans quel objectif vous allez prendre des notes, à qui est destiné le compte rendu ? Il est destiné à votre patron qui s'intéresse plus particulièrement au projet XX ; il s'agit d'une réunion d'avancement de travaux, seules les décisions prises sont vraiment importantes ; il s'agit d'une réunion plus officielle où ce que dira chacun des intervenants sera plus important...

- Connaissez-vous l'ordre du jour, les participants ? Êtes-vous familière avec tous les points de l'ordre du jour ? Sinon, il est toujours possible et préférable de se renseigner au préalable : lecture du compte rendu de la réunion précédente, d'un autre document, coup de téléphone à un collègue au courant du problème, ou encore question au patron.

Préparez vos outils : pour prendre des notes facilement exploitables, utilisez la méthode des étudiants américains.

Ne prenez pas de bloc-sténo. Il est trop petit, vous n'aurez pas la place de noter de façon commode. Préférez des feuilles au format A4 que vous utiliserez en format paysage. Divisez les feuilles en quatre colonnes de tailles inégales. Numérotez-les à l'avance pour ne pas les perdre (tableau 3.2).

Points clés	Qui	Notes	Commentaires

Tableau 3.2 - Grille à 4 colonnes pour la prise de notes

Points clés	Qui	Notes	Commentaires
Qualité	GB		Vérifier texte
ARTT	CH		de loi
Qualité	CH		
			Réviser procé-
			dure FQ024
Internet	VB		
Qualité	CH		

Tableau 3.3 - Exemple de prise de notes

Dans la colonne « points clés », vous noterez le sujet de l'intervention que vous êtes en train de prendre en notes (le plus souvent un point de l'ordre du jour).

Dans la colonne suivante, les initiales de l'intervenant.

Dans la colonne « résumé », le résumé à proprement parlé.

Dans la colonne « commentaires », vous noterez tout le reste : vos réflexions personnelles, les éclaircissements que vous irez demander à Durand à la fin de la réunion.

FAUT-IL PRENDRE EN STÉNO ?

Pour prendre des notes, il vaut mieux éviter l'utilisation de la sténo. Elle ne favorise pas une prise de notes active : on a tendance à vouloir tout prendre, sans faire le tri de l'important et de l'accessoire. Or, on a déjà trop tendance à tout prendre pour se rassurer. Si vous connaissez la sténo, utilisez-la seulement pour certains mots.

Écrivez de préférence en style télégraphique en employant des abréviations que vous serez certaine de pouvoir relire par la suite.

LE COMPTE RENDU

Si vous avez utilisé la méthode conseillée plus haut, à la sortie de la réunion, votre compte rendu est déjà amorcé. En effet, les différents thèmes abordés apparaissent dans la colonne de gauche. Il faut les regrouper pour avoir l'ossature du document. Les recherches à faire et les questions à poser apparaissent dans la colonne de droite.

On peut ensuite rédiger. Pensez à soigner le style. Les conseils de simplicité donnés pour la rédaction des lettres sont applicables à la rédaction des comptes rendus : pas de phrases trop longues, une idée par paragraphe, utilisez la voie active.

LA DIFFUSION

Un compte rendu doit être diffusé le plus rapidement possible après la réunion. Vous manquez de temps pour l'établir ? Diffusez donc en attendant un compte rendu flash qui ne reprend que l'essentiel : les décisions prises au cours de la réunion (tableau 3.3).

Action	Qui	Pour le

Tableau 3.3 - Grille de compte rendu flash

Le résumé, la synthèse

Quelle différence faire entre résumé et synthèse ? Le résumé est le condensé d'un seul texte, la synthèse est le condensé de plusieurs textes ayant trait au même sujet.

L'objectif de ce travail est de faire gagner du temps à votre lecteur : résumé ou synthèse doivent donc être brefs et permettre de savoir si la lecture du ou des documents de base est utile ou non.

Ils doivent reprendre les points essentiels du ou des documents, être compréhensibles en eux-mêmes et donc éviter les renvois aux documents de base.

Pensez à mentionner vos sources : une information sans référence n'a pas de valeur. Indiquez le nom du journal, de la revue, le nom du journaliste, la date s'il s'agit d'un article ; le titre de l'ouvrage, l'auteur, l'éditeur et la date d'édition s'il s'agit d'un livre.

Comment procéder ? Vous allez tout d'abord lire le texte une première fois en surlignant dans chaque phrase le ou les mots importants. Vous relirez une seconde fois le texte pour procéder au résumé à proprement parlé qui sera facilité par ce premier travail « d'écrémage. »

Essayez de dégager un plan, qui ne sera pas nécessairement le plan du document de base, en fonction de ce qui intéresse votre patron.

La présentation

Dans le domaine de l'expression écrite, le fond et la forme sont très importants bien sûr, mais il ne faut pas pour autant négliger la présentation. Pensez aux documents et courriers que vous recevez tous les jours. Vous trouvez certainement que certains sont attirants et d'autres rebutants. Ce n'est pas seulement une question de rédaction, c'est aussi une question de présentation, de choix des caractères et de mise en page.

Une présentation mal étudiée peut desservir un beau texte et une présentation bien faite peut améliorer un texte plus médiocre.

Alors, conjuguez donc les deux : un style clair, vif, précis et courtois accompagné d'une présentation sobre, riche et élégante.

Une belle présentation attire l'oeil, met le texte en valeur, en facilite la compréhension et donc la mémorisation tout en augmentant la vitesse de lecture.

QUELQUES PRINCIPES GÉNÉRAUX DE LISIBILITÉ DES DOCUMENTS

En ce qui concerne la présentation des documents d'entreprise, le mieux est souvent l'ennemi du bien.

Alors suivez ce conseil : soyez sobre. Ce n'est pas parce que vous disposez sur votre micro-ordinateur de gras, de souligné, d'ombré, de relief ou d'encadrement que vous devez absolument les utiliser.

Évitez le souligné en traitement de textes, le soulignement est trop collé au mot pour que le résultat soit esthétique. Si vous voulez mettre en valeur un élément, utilisez plutôt le gras.

Ne multipliez pas les encadrements, les trames. Quand trop de choses sont mises en valeur, on ne sait plus ce qui est important.

Aérez votre texte avec un interlignage suffisant. Il faut que chaque ligne se détache bien de la précédente et de la suivante. N'interlignez cependant pas trop, la lecture devient difficile.

Faut-il justifier ? Les tenants de la justification disent qu'un texte justifié est plus net, plus facile à lire. Ses adversaires parlent des « cheminées de blancs » qu'on y trouve et de l'aspect « mailing standard » qu'elle donne aux courriers.

En conclusion, nous vous conseillons de réserver la justification aux textes longs où elle facilite effectivement la lecture en guidant l'oeil et de l'éviter pour les courriers.

LA PRÉSENTATION DES COURRIERS

Une seule police de caractères suffit pour un courrier. Elle sera choisie en fonction des habitudes de la société ou des goûts personnels. Sachez qu'on ne se trompe jamais en choisissant une police sobre et classique comme le Times.

Un seul corps pour l'ensemble de la lettre : corps 12, sauf pour les références et l'objet qu'on pourra mettre en corps 10.

Les marges dépendent des enveloppes à fenêtre pour positionner l'adresse et de certains papiers à en-tête dont il faudra tenir compte.

Si vous travaillez avec le traitement de textes Word, définissez-vous un modèle de lettre avec des styles. Vous l'utiliserez pour chaque courrier et gagnerez beaucoup de temps :

On choisit généralement :

- marge du haut : 5,5 cm,
- marge du bas : 3 cm,
- marge de droite : 3 cm,
- marge de gauche : 2 cm.

T

– date, pavé d'adresse : retrait gauche : (xx cm), Times corps 12,
– références, objet : Times corps 10, italique,
– corps de la lettre : retrait gauche : (xx cm), Times corps 12 interligné 14, espace après une ligne, alignement gauche.

Ce ne sont que des indications, qu'il vous faudra adapter en fonction de votre papier à lettres et des usages de votre entreprise.

LA PRÉSENTATION DES COMPTES RENDUS

Si elle n'existe pas déjà dans votre entreprise, il est préférable d'adopter, pour la rédaction des comptes rendus, une présentation type et de s'y tenir. Cette remarque est d'ailleurs valable pour tous les documents que vous émettez : notes internes, courriers et rapports. Outre l'aspect pratique détaillé ci-dessous, on améliore la qualité de l'image visuelle du service, voire de l'entreprise par la cohérence de la présentation.

On gagne du temps :

– en identifiant rapidement les comptes rendus parmi d'autres documents,
– en repérant rapidement sur le document lui-même les éléments dont on a besoin pour le traiter (classer, rechercher), car ces éléments sont toujours situés au même emplacement.

La présentation habituelle consiste à regrouper sur la première page les éléments permettant l'identification du compte-rendu :

– la nature de la réunion : «compte rendu de la réunion certification qualité»,
– la date,
– l'ordre du jour,
– les participants,
– la liste de diffusion.

N'utilisez pas plus de deux polices de caractères dans un même compte rendu.

Ne mélangez pas des polices très proches, l'œil du lecteur sera gêné, car il percevra une légère différence, sans que cette différence l'aide en mettant en valeur le plan du texte.

Ne mélangez pas ainsi, par exemple, Arial et Geneva (qui sont deux polices de type bâton) ou bien Times et Palatino (qui sont deux polices dites « à empattement », c'est-à-dire dans lesquelles les lettres se terminent par de petits tirets). Mélangez plutôt Times et Arial.

Une présentation classique et toujours élégante consiste à choisir de l'Arial pour les titres et du Times pour le texte.

Voici une suggestion de présentation que vous sauvegarderez dans un modèle avec des styles si vous utilisez le traitement de texte Word :

- titre général (« compte rendu... ») : Arial gras corps 18 centré,
- titre de niveau 1 : Arial gras corps 16, espace après trois lignes, paragraphes solidaires (pour que le titre ne se retrouve pas tout seul en fin de page),
- titre de niveau 2 : Arial gras corps 14, espace après deux lignes, paragraphes solidaires,
- titre de niveau 3 : Arial gras corps 12, espace après une ligne, paragraphes solidaires,
- corps du texte : Times corps 12, interligné 14, alignement justifié, espace après une ligne.

EMPLOI DES ABRÉVIATIONS COURANTES

Vous trouverez ci-dessous une liste non exhaustive des abréviations à employer. N'oubliez pas le point qui signale qu'il s'agit d'une abréviation (sauf exception). Ne mettez qu'un seul point après etc., trois petits points seraient redondants.

adj.	adjectif
anc.	ancien
apr.	après
arr.	arrondissement
art.	article
av.	avant
bd (ou boul.)	boulevard
c.-à-d.	c'est-à-dire
cf.	confer
ch.-l.	chef-lieu
Cie	compagnie
C. civ.	Code civil
C. comm.	Code de commerce
C. just. mil.	Code de justice militaire
C. pén.	Code pénal
C. proc. civ.	Code de procédure civile

C. proc. pén.	Code de procédure pénale
C. trav.	Code du travail
dép.	département
env.	environ
etc.	et cetera
Ets.	Établissements
ex.	exemple
fém.	féminin
hab.	habitant
id.	idem
i.e.	id est (c'est-à-dire)
M.	Monsieur
MM.	Messieurs
Me	Maître
Mes	Maîtres
Mlle	Mademoiselle
Mlles	Mesdemoiselles
Mme	Madame
Mmes	Mesdames
n°	numéro
p. ex.	par exemple
P.-S.	post-scriptum
R.S.V.P.	répondez, s'il vous plaît.
St-	Saint-
Sts-	Saints-
Ste-	Sainte-
Stes-	Saintes-

Les transparents

Plus une réunion sans transparents ! On dirait que c'est actuellement le mot d'ordre dans les entreprises. Les secrétaires sont de plus en plus souvent amenées à réaliser des transparents.

Et pourquoi pas ? C'est une tâche plaisante où l'on peut exprimer sa créativité. Pour peu, bien sûr, que les éléments ne vous soient pas donnés une demi-heure avant ladite réunion.

POURQUOI CETTE MODE DES TRANSPARENTS ?

Quelques transparents relancent l'intérêt de l'auditoire, illustrent le propos de l'orateur, permettent aux spectateurs de fixer et de mémoriser des éléments, comme des chiffres ou le plan de l'intervention.

En outre, de nombreuses personnes comprennent et retiennent mieux ce qu'elles voient que ce qu'elles entendent (on dit qu'elles sont « visuelles », c'est le cas d'une grande partie d'entre nous). Le transparent, comme tout support écrit, permet de les toucher.

Le transparent, enfin, renforce l'effet de la parole en présentant les mêmes notions sous une forme non redondante.

Pourtant, pour une présentation bien faite, combien de présentations soporifiques, où l'orateur lit d'interminables transparents. Il doit les lire (ce qu'il ne faut jamais faire lors d'une présentation), car la plupart du temps, les spectateurs n'arrivent pas à les déchiffrer tellement les caractères sont petits et tassés.

La connaissance et l'application de quelques principes tout simples vont vous permettre de métamorphoser vos transparents.

QUELQUES CONSEILS POUR RÉALISER DES TRANSPARENTS ATTRAYANTS

La règle d'or de la réalisation des supports visuels est simple : moins on fait figurer d'informations, mieux c'est. Une, deux, trois idées importantes par transparent est un maximum à ne pas dépasser ; pas plus de six mots par lignes et pas plus de six lignes par transparent un objectif à viser. Les tableaux doivent être succincts : trois ou quatre lignes sur trois ou quatre colonnes au plus.

Un transparent est fait pour être lu. Vérité première, certes, mais pas toujours prise en compte.

On privilégie souvent les majuscules en pensant que, de loin, le résultat sera plus lisible. Or c'est le contraire qui se produit. Vue de loin, une phrase écrite en majuscules forme un long rectangle dans lequel il est difficile d'identifier les lettres, car elles sont toutes de la même hauteur. Si l'on utilise des minuscules, au contraire, l'oeil sera guidé par les jambages au-dessous ou au-dessus de la ligne et reconnaîtra plus facilement les lettres. On dit que la majuscule est la lettre à voir et la minuscule la lettre à lire.

La cohérence de la mise en page est également importante, presque davantage que pour un texte lu sur papier : chaque niveau de titre devra toujours avoir la même présentation. Soyez sobre dans la présentation : ce n'est pas parce qu'un élément sera mis en gras italique encadré qu'il sera plus visible.

Utilisez de préférence une police de caractères de type bâton, comme l'Arial et n'hésitez pas à prendre un corps important, 36 par exemple, pour le titre principal.

Choisissez l'orientation paysage ou italienne. Placez le titre principal du transparent dans le tiers supérieur ; c'est là que l'oeil du spectateur se pose en premier.

Bibliographie

Agnès Taupin, *Bien rédiger*, Éditions d'Organisation, Paris, 2008.

Quatrième mission

Organiser

1 - Tout savoir sur l'organisation

Être une secrétaire organisée, c'est connaître les principes d'organisation et utiliser les outils qui permettent de gagner du temps et de ne rien oublier.

Les principes

Au cours de ce chapitre, nous étudierons ensemble les principes de base de l'organisation du temps. Nous aborderons donc les points suivants :

- comprendre le temps : un bref ´examen de conscience » (sous la forme d'un petit questionnaire) vous permettra de réfléchir à la subjectivité du temps,
- deux défauts majeurs des secrétaires qui leur font souvent perdre du temps,
- perdre du temps pour en gagner : réfléchir avant d'agir. Nous verrons que l'organisation du temps passe par une bonne préparation,
- la gestion des priorités : nous réfléchirons à la différence entre urgent et important.

COMPRENDRE LE TEMPS

Le temps est subjectif ! En a-t-on conscience dans la vie professionnelle ?

Pour réfléchir à cette notion, essayez de répondre aux questions de l'encadré ci-dessous.

Un quart d'heure chez le dentiste ou un quart d'heure à la terrasse d'un café ont-ils la même durée ?	oui	non
Attribuez-vous un budget temps à chaque tâche ?	oui	non
Savez-vous combien coûte une demi-heure de votre temps de travail ?	oui	non
Savez-vous ne pas vous interrompre quand vous menez à bien une tâche ?	oui	non
Savez-vous évaluer le temps passé à une tâche ?	oui	non

Savez-vous combien « vaut » une tâche : temps/importance de la tâche ?	oui	non
Faites-vous volontiers passer en premier les tâches que vous aimez ?	oui	non
Manquez-vous de temps ?	oui	non
Le temps est-il un ennemi ?	oui	non

• De cet examen de conscience, vous tirez une première conclusion : tout travail demande plus de temps qu'on ne croit.

Vous vous dites très souvent : ce n'est pas possible, il est déjà midi, je n'ai pas eu le temps de faire la moitié de ce que j'avais prévu.

Quelques idées pour faire face

– « Donner du temps au temps ». En effet il y a des temps incompressibles : Paris-Lyon en TGV demande deux heures. Combien de trains faut-il prendre pour ne mettre qu'une heure ? Vous souriez. Effectivement, il faut deux heures et ce délai ne peut être réduit, quels que soient les moyens mis en œuvre.

– « Penser à l'amont et à l'aval d'une tâche ». Lorsque l'on vous demande : combien de temps vous faut-il pour taper ce tableau, êtes-vous capable d'annoncer le temps réel ? C'est une des difficultés quotidiennes que d'évaluer le temps que prennent les choses. On ne pense bien souvent qu'au temps d'exécution. Or tout travail comprend quatre phases (figure 4.1).

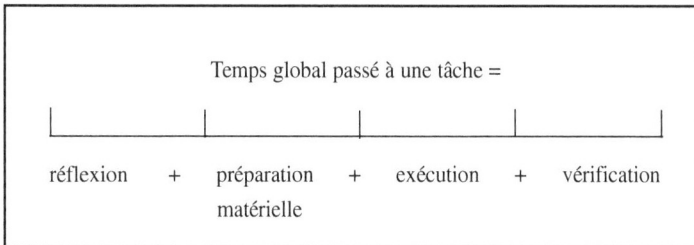

Temps global passé à une tâche =

réflexion + préparation + exécution + vérification
matérielle

Figure 4.1 - Les quatre phases d'exécution du travail

– « Dompter les interruptions ». Ce sont les interruptions qui font que vous passez deux heures là où vous devriez n'en passer qu'une, qui vous donnent l'impression de courir dans tous les sens sans rien mener à bien et qui sont à l'origine du stress au bureau.

Il vous faut :

◆ identifier les sources d'interruptions : ce qui vient de moi, ce qui vient des autres (cf. outils d'organisation) ;

◆ pour ne pas s'auto-interrompre : prévoir, anticiper les travaux de la journée ;

◆ pour ne pas se laisser trop interrompre : inciter le patron à regrouper ses demandes en regroupant les vôtres ; ne pas tout arrêter pour céder à une tâche urgente, mais demander un délai pour la programmer dans le temps ; savoir dire non, définir des tranches horaires pour les missions comportant de nombreuses interruptions (distribution des fournitures par exemple) ; créer des imprimés pour éviter les demandes orales (exemple : formule demande de réservation de train, d'avion, d'hôtel).

• **Vous constatez en outre que : plus on a de temps, plus on en prend**

Vous le savez, le travail est comme un gaz : il prend toute la place disponible.

Quelques idées pour faire face

– Se fixer des heures limites quand on travaille seule. Garder en tête les objectifs de temps que l'on s'est fixés et s'auto-discipliner pour les respecter.

– Se donner des durées d'entretien quand on travaille à plusieurs : «Jusqu'à quelle heure se donne-t-on ?»

– Ne pas prendre plus de temps qu'il n'en faut.

• **Enfin, désormais, vous serez une adepte de la technique du hamburger**

« Y a pas de mal à se faire du bien.» Est-ce un bon principe d'organisation ? C'est une tendance oh combien naturelle. En effet, on passe beaucoup de temps aux tâches que l'on aime et on les fait passer en priorité.

Adoptez donc plutôt la technique du hamburger : alternez en couches successives les tâches fastidieuses ou difficiles avec les tâches satisfaisantes ou qui vous font plaisir.

• **«Moi, je n'ai jamais le temps de faire une pause !»**

Voici un des leitmotiv des secrétaires que nous rencontrons en stage.

Cette attitude traduit une grande conscience professionnelle, mais aussi une méconnaissance du principe d'Illich : « Au-delà d'un certain seuil, l'efficacité décroît » (figures 4.2 et 4.3).

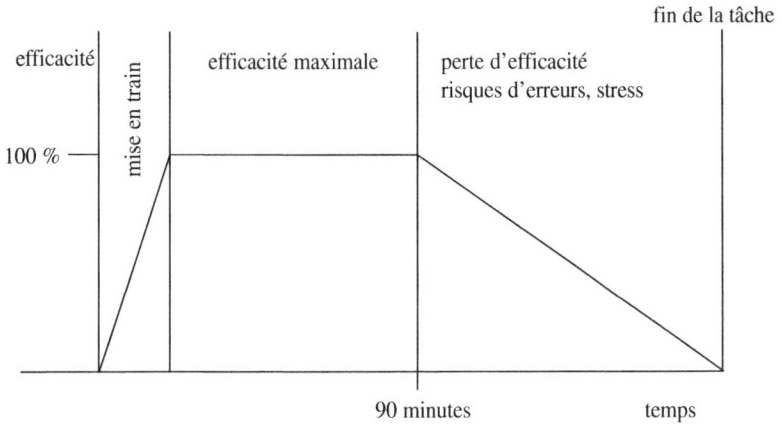

Figure 4.2 - Exemple de travail effectué sans faire de pause

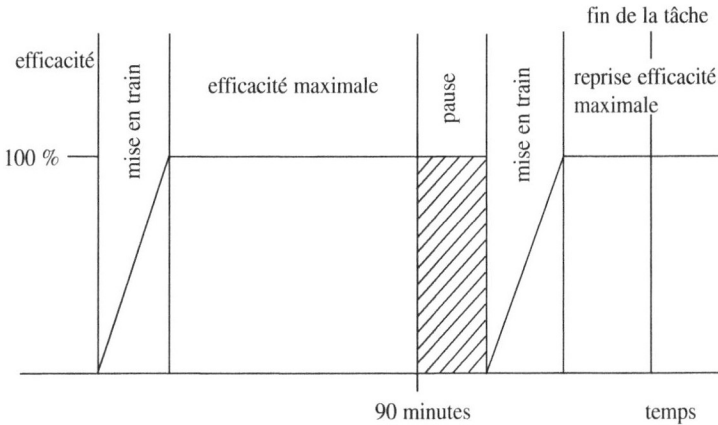

Figure 4.3 - Exemple de travail effectué en faisant une pause

Quelques idées pour faire face

- Faire une pause toutes les quatre-vingt-dix minutes. Au-delà de ce temps, notre attention se relâche, d'où perte d'efficacité, risque d'erreurs et entretien du stress.
- Variez les activités. Faire suivre une tâche demandant de la concentration par une autre plus automatique.

• **Combien de temps passer à une tâche en fonction de son importance ?**

Le temps, c'est de l'argent. Toute tâche a un prix qui est déterminé par son importance dans le cadre de ma mission, de mon service, de mon entreprise.

Quelques questions à se poser

- Est-ce que je passe trop de temps à des choses secondaires, voire inutiles ou qui pourraient être faites par d'autres ?
- Est-ce que je consacre suffisamment de temps aux choses importantes ?
- Est-ce que je sais vraiment ce qu'on attend de moi ?
- Est-ce que la majorité des tâches que j'accomplis entre dans le cadre de ma mission ?

DEUX DÉFAUTS MAJEURS DES SECRÉTAIRES

Perfectionnisme et trop grande gentillesse sont les deux freins à une bonne organisation que l'on rencontre le plus couramment parmi les secrétaires.

La perfection n'est pas de ce monde !

Toute qualité a son revers. Il ne faut pas confondre aimer le travail bien fait et être perfectionniste.

Être perfectionniste conduit à :

- passer plus de temps qu'il n'en faut. Exemple : refaire une photocopie qui n'est pas très nette, alors qu'elle ne servira que de trace au dossier,
- perdre de vue les priorités,
- se laisser déborder,
- manquer de recul parce qu'on se noie dans les détails et risquer ainsi de passer à côté des choses importantes,
- accumuler des preuves, des documents pour pouvoir se justifier,
- ne pas savoir déléguer ou ne déléguer que les choses sans importance.

Charité bien ordonnée commence par soi-même

Il est légitime d'avoir envie d'être appréciée par ses collègues et supérieurs hiérarchiques. Mais il faut admettre qu'on ne peut faire plaisir à tout le monde.

Être trop gentille conduit à :

- être débordée parce qu'on fait le travail des autres,
- être sans cesse sollicitée et donc désorganisée,
- être la «bonne poire»,
- ne pas se sentir reconnue pour tout ce qu'on fait et éventuellement en avoir de l'aigreur,
- habituer les autres à trop en faire et instituer ainsi des faits acquis,
- manquer de confiance en soi,
- ne pas savoir dire non.

Faites maintenant le test 6 pour mesurer votre degré «d'affirmation de soi» dans la vie professionnelle.

Test 6
Êtes-vous paillasson ou hérisson ?

✐ *Amusez-vous à faire ce petit test et lisez nos conseils en fin díouvrage.*

	Vrai	Faux
1 - Ce soir, j'ai rendez-vous à 17h30 avec une amie ; le patron me demande de rester jusqu'à 18 heures. Je n'ose pas refuser.		
2 - Je suis en train de frapper un compte rendu, ma collègue me demande gentiment de l'aider en allant faire une photocopie. J'y vais.		
3 - Alain me demande le numéro d'Air France. Je cherche pour lui sur Internet.		
4 - Peux-tu me dire où est le dossier XXX, me dit Marie-Agnès. Je me lève pour aller lui chercher.		
5 - Mon patron me donne un « torchon » à frapper. Je n'ose pas lui demander d'écrire plus lisiblement à l'avenir.		
6 - Pouvez-vous me taper cela, c'est urgent. Je cesse tout sans demander de délai... bien sûr, je sais que j'aurais pu le faire demain.		
7 - La stagiaire me rend le travail de frappe que je lui avais demandé. Je la remercie et corrige en cachette ses erreurs pour ne pas la vexer.		
8 - Nous sommes deux dans le bureau. Monsieur Duval entre l'air désemparé, je suis sur un dossier urgent, mais j'offre mon aide spontanément.		
9 - On me demande pour la quatrième fois en une heure d'aller faire une photocopie... j'explose. C'est toujours sur moi que ça tombe !		
10 - Madame Jordone vient chercher son remboursement de note de frais que j'ai fait en urgence. Je n'ai, bien entendu, pas de merci.		

PERDRE DU TEMPS POUR EN GAGNER :
RÉFLÉCHIR AVANT D'AGIR

Vous est-il déjà arrivé, comme à Geneviève au moment de verser le lait sur la farine et les œufs pour faire des crêpes, de vous apercevoir que vous n'avez plus de lait ?

Si oui, ces quelques conseils peuvent vous être utiles.

Conseil 1 : prévoir

Le petit Larousse nous dit que prévoir, c'est « prendre les précautions nécessaires en vue d'une action précise ».

Dans la vie professionnelle, cela consiste à :

– faire un plan de travail journalier,
– se faire des check-lists de tâches à effectuer pour mener à bien un projet (vous en trouverez des exemples dans les chapitres « outils d'organisation », « organisation de voyages et de réunions »),
– penser aux futures réunions et aux rendez-vous du patron,
– penser aux tâches répétitives,
– penser à tout ce qui ne dépend pas de vous ; par exemple, pour terminer le tableau de bord, vous avez besoin de chiffres émanant de la DRH ? Pensez à les demander à l'avance,
– lister tout ce qui n'est pas demandé, mais qui pourrait être utile ; par exemple, pour la réunion de lundi prochain, sera-t-il nécessaire de prévoir des transparents, des statistiques ?

Conseil 2 : anticiper

Le petit Larousse nous dit qu'anticiper, c'est « exécuter avant le temps prévu ».

Dans la vie professionnelle, cela consiste à :

– ne pas attendre le dernier moment pour commencer un travail,
– ne jamais laisser un dossier en attente, sans amorcer un début de solution ; par exemple, téléphoner pour fixer un rendez-vous,
– se fixer à soi-même un délai plus court que la date butoir prévue,
– dans les rapports avec les autres, prévoir une marge de manœuvre et donc donner à nos fournisseurs (internes et externes) des délais plus courts que ceux qui nous sont réellement nécessaires et relancer périodiquement.

Conseil 3 : prévenir

Le petit Larousse nous dit que prévenir, c'est « aller au-devant de quelque chose pour l'empêcher, le détourner. »

Dans la vie professionnelle, cela consiste à :

- recenser tous les incidents qui peuvent se produire et imaginer des solutions de rechange ; par exemple, votre patron part pour une présentation de produit chez un client, vous lui préparez des photocopies de ses transparents au cas où le rétroprojecteur tomberait en panne.

Conseil 4 : planifier

Le petit Larousse nous dit que planifier, c'est « organiser selon un plan déterminé. »

Dans la vie professionnelle, cela consiste à :

- prévoir les différentes étapes nécessaires à l'exécution d'une tâche et les classer dans l'ordre dans lequel elles devront être abordées. Dans le cas d'un projet simple, utiliser l'échéancier. Dans le cas d'un projet plus élaboré, utiliser un planning de type GANTT (cf. la section « Outils d'organisation. »).

A titre d'exemple, nous vous proposons de faire l'exercice suivant.

Nous sommes le mardi 10.

Voici la liste des choses que vous avez à faire aujourd'hui ; notez l'ordre dans lequel vous choisissez de les faire en tenant compte de l'urgence et de l'importance.

A Réserver une table au « Coq hardi » (patron plus trois clients) pour le 11 à 13 heures.

B Taper le rapport « untel » (huit pages) pour la réunion du 15 et en tirer dix exemplaires.

C Réserver pour votre patron un billet d'avion pour Madrid pour lundi en quinze.

D Demander au service comptabilité les statistiques des impayés pour la réunion du 15.

E Envoyer les convocations aux dix responsables filiales France pour le séminaire du 30.

F Envoyer des échantillons et des tarifs sur votre nouveau produit à un de vos bons clients.

G Faire le planning sur micro-ordinateur des dates de vacances du service (vingt cinq personnes) et l'expédier au service du personnel du siège par mail avant demain 16 h.

H Reporter le rendez-vous de l'expert : le 13 à 15 heures au lieu d'aujourd'hui 14 heures.

I Envoyer le devis à la Société XX (540 K€).

J Demander la documentation sur le produit Bécaz en vue de la présentation à la réunion des cadres dans deux mois.

Exploitation de cet exercice

Il existe plusieurs façons de faire un choix parmi les priorités. Nous vous en proposons deux.

Première méthode

- Le principe consiste à se dire : si je n'avais la possibilité de ne faire qu'une tâche, laquelle choisirais-je ?
- Notez cette tâche en début de liste,
- éliminez-la de la liste des tâches à faire,
- recommencez le même raisonnement avec les neuf restantes.

Il s'agit là plus d'une réflexion sur les priorités qu'une méthode à proprement parler, mais elle donne de bons résultats.

Deuxième méthode

Cette méthode demande plus de temps. Il n'est pas question de la recommander de façon systématique. Elle oblige à une remise en cause du raisonnement habituel des priorités.

1 - Dans la première colonne, ranger les tâches par ordre d'importance, en ne tenant compte que des conséquences et attribuer un numéro d'ordre à chaque tâche (le plus élevé attribué à la tâche la plus élevée).

2 - Dans la deuxième colonne, recommencer l'opération en raisonnant en urgence en ne tenant compte que des délais et dates butoirs.

3 - Construire un graphique à deux axes de coordonnées : importance en abscisse (axe des x), urgence en ordonnée (axe des y).

4 - Reporter chaque tâche sous forme de point sur le graphique :

    – l'abscisse du point est l'importance de la tâche ;

    – l'ordonnée du point est l'urgence de la tâche.

5 - Diviser le graphe en quatre parties qui délimiteront des zones de priorités :

– la zone A contient les tâches urgentes et importantes : à faire en priorité ;

– la zone B contient les tâches importantes et moins urgentes : à faire ensuite ; ce sont des tâches à risque, de futures «catastrophes» si on ne les entreprend pas à temps ;

– la zone C contient les tâches urgentes, mais moins importantes. On choisit délibérément de ne les entreprendre qu'après les tâches B les plus urgentes, car le dépassement de délai n'entraînera pas de conséquences très graves du fait de leur importance moindre ;

– la zone D contient les tâches moins urgentes et moins importantes. Attention cependant à ne pas les oublier.

Application à notre exercice

– Positionnez votre choix puis comparez avec le résultat de la grille.

– Avez-vous beaucoup de points communs ?

Voici notre mode de raisonnement (figure 4.4).

	1	2	3	4	5	6	7	8	9	10
votre rép.										
corrigé	H	A	D	I	F	B	G	C	E	J

Figure 4.4 - Grille de résultat : priorités des tâches

H - délai : aujourd'hui,
   importance : déplacement inutile de l'expert, mauvaise image de marque de l'entreprise,

A - délai : demain,
   importance : image de marque de l'entreprise vis-à-vis des clients,

D - délai : le 15 et il y a des collègues qui interviennent et risquent d'ajouter des retards,
   importance : la réunion ne peut avoir lieu sans les statistiques,

I - délai : pas de délai précis,
   importance : gros contrat en vue ; l'entreprise n'existe pas sans ses clients,

F - délai : pas de délai précis,
   importance : peut amener un contrat,

B - délai : le 15 (quatre heures avec la frappe, les allers et retours et les photocopies),
   importance : élément important de la réunion,

G - délai : demain 16 heures (trois heures de travail),
   importance : ce planning concerne vingt-cinq personnes, mais si ce n'est pas
   fait dans les temps, cela me vaudra un rappel cependant les conséquences ne
   seront pas catastrophiques,
C - délai : 15 jours
   importance : ennuyeux si le vol est complet, mais il y aura toujours de la place
   à une autre heure,
E - délai : pour le 30 (délai vingt jours dont relances, à ne pas perdre de vue),
   importance : il est habituel de faire des convocations écrites, mais éventuellement en cas de gros problèmes, ils peuvent être prévenus par fax ou téléphone,
J - délai : dans deux mois,
   importance : doit être fait, mais pas fondamental ; attention quand même à le
   programmer et à ne pas attendre la dernière minute, car il y aura des temps
   d'attente.

Urgence	Importance
H	H
G	I
A	F
D	A
B	D
C	B
E	C
I	E
F	G
J	J

Figure 4.5 - Classement des tâches par ordre d'urgence et d'importance

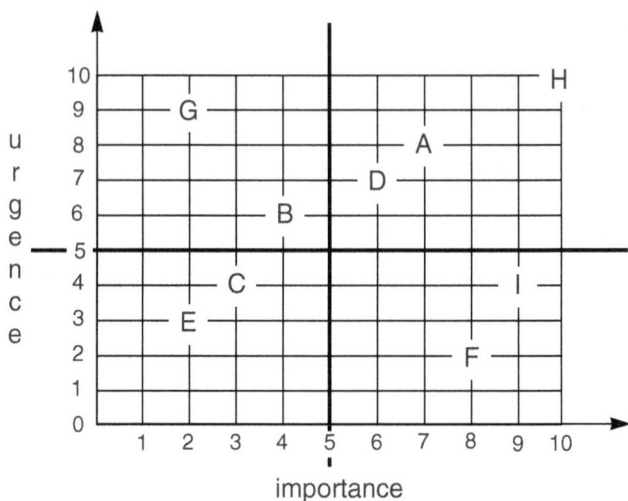

Figure 4.6 - Représentation graphique des tâches en fonction de leur importance et de leur urgence

Les outils et méthodes

Dans cette section, après avoir donné des conseils pour réaliser le bilan de son organisation personnelle, nous présenterons les outils de base de l'organisation de la secrétaire, avant d'aborder les outils de planification.

METTRE À PLAT SON ORGANISATION

Pour pouvoir améliorer la gestion de son temps, il faut déjà faire un bilan de la manière dont on travaille. C'est ce à quoi nous vous invitons avec :

– l'autodiagnostic,

– et le questionnement systématique (ou QQOQC).

L'auto-diagnostic

C'est la première étape pour améliorer son organisation. Elle consiste à recueillir des données chiffrées.

Heures	Tâches	Interruptions			
		tél.	visites	photoc.	divers
8h 8h30 9h 9h30 10h 10h30 11h					

Figure 4.7 - Exemple d'auto-diagnostic

Comment l'utiliser ?

Inspirez-vous de l'exemple ci-dessous en suivant ces quelques conseils :

- reportez systématiquement toutes les tâches dès que vous les entamez :
  - l'heure de début dans la colonne heure,
  - la nature des tâches en style télégraphique dans la colonne tâches,
- soyez sincère avec vous-même, notez tout, même les pauses café !
- faites-le au fur et à mesure des tâches et non pas en fin de journée,
- pour la frappe et les photocopies, indiquez le nombre de pages,
- nous avons divisé la colonne interruptions en quatre : téléphone, visiteurs, photocopies, divers. N'hésitez pas à choisir d'autres intitulés en fonction de vos interruptions les plus fréquentes,
- pour comptabiliser les interruptions :
  - cochez un bâton si l'interruption dure moins de cinq minutes,
  - sinon, notez le temps exact.

Pourquoi le faire ?

- Planifier son travail de manière plus réaliste et efficace.
- Répondre à la question : ai-je vraiment trop de travail ou suis-je désorganisée ?
- Quantifier le temps passé à chaque tâche.
- Connaître le temps d'exécution nécessaire à chacune.
- Mesurer ses interruptions, en identifier les sources.
- Apporter des faits plutôt que des opinions lors des entretiens avec son

supérieur. Exemple : «Je suis tout le temps dérangée par le téléphone» n'a pas la même valeur que : «J'ai en moyenne 1h 45 d'appels entrants à traiter par jour».

– Se rendre compte et montrer aux autres que nos journées sont très pleines.

Comment l'analyser ?

L'analyse se fait à deux niveaux : quantitatif et qualitatif. Nous traitons ici l'axe quantitatif, l'axe qualitatif sera développé avec la méthode du QQOQC.

Quantifier pour obtenir des données objectives. Que peut-on calculer ?

– les interruptions par nature ; par exemple, combien de coups de fil par jour, par semaine, combien de temps ? Combien de fois m'envoie-t-on à la photocopieuse ? Combien de fois mon patron vient-il me demander quelque chose ?

– la répartition de ces interruptions dans la journée ; par exemple, je suis plus dérangée entre 10 heures et midi, mon patron est sans cesse dans mon bureau entre 9 heures et 9 heures 45 ;

– la durée réelle d'exécution des tâches, vous aurez peut-être alors des surprises ; par exemple , vous pensiez passer une heure à la frappe d'un document et vous y avez passé 1h 45 : vous aviez oublié d'intégrer les interruptions, ainsi que les temps de réflexion, préparation et vérification.

Le QQOQC

C'est la seconde étape pour améliorer son organisation. Elle consiste à critiquer les données recueillies lors de l'auto-diagnostic.

Pourquoi le faire ?

– Remettre en cause ses habitudes.

– Réfléchir à la façon dont on occupe son temps.

– Réfléchir à la manière dont on programme ses activités (Est-ce le moment opportun pour entreprendre telle tâche ?).

– Observer les rythmes de son service, de son entreprise.

– Prendre conscience de son rythme personnel d'efficacité.

Comment utiliser le QQOQC ?

Quelques conseils pour commencer

– ne rien considérer comme allant de soi : il faut tout remettre en cause,

– se méfier de ses freins, comme par exemple quelques phrases qui
«tuent» :
- on a toujours fait comme ça,
- on a déjà essayé de changer, ça n'a pas marché,
- ce n'est pas le moment,
- mon chef n'acceptera jamais,
- mes collègues ne voudront jamais.

Appliquer la méthode
L'intérêt de cette méthode réside dans le systématisme du questionnement : il
permet de ne rien laisser au hasard.

Pour chacune des activités, répondre à toutes les questions suivantes.

Quoi ?   – quelle tâche ?
Pourquoi ?   – intégralité de cette tâche ?
    – à quoi sert-elle ?
    – qu'est-ce qui se passe si je ne la fais pas
        . pour moi,
        . pour mon service,
        . pour mon entreprise ?
    – ne peut-on pas la simplifier ?
    – ne peut-on pas la supprimer ?

Qui ?   – qui fait cette tâche ? moi seule, ou d'autres la font aussi ?
Pourquoi ?   – pourquoi est-ce moi ?
        . suis-je la mieux placée ?
        . est-ce que cela correspond à mon savoir-faire ?
        . quelqu'un d'autre peut-il le faire ?
        . puis-je déléguer ?

Où ?   – est-ce l'endroit qui convient le mieux ?
Pourquoi ?   – les outils nécessaires sont-ils à portée de main ?
    – mes déplacements sont-ils limités ?
    – n'y a-t-il pas un lieu plus adéquat ?

– le poste de travail est-il implanté de manière ergonomique ?

exemple : éviter les écrans face ou dos à une fenêtre.

Pourquoi ? – pourquoi cette tâche à ce moment ou ce délai ?

Quand ? – est-ce le moment, la fréquence, la durée qui conviennent le mieux ?

Pourquoi ? – pourquoi agir de cette façon ?

Comment ? – est-ce la meilleure façon de s'y prendre ?

– n'y a-t-il pas d'autres façons ?

– est-ce que j'ai les bons outils ?

– est-ce que je les utilise de manière optimale ?

La méthode de questionnement systématique QQOQC ne s'applique pas de manière permanente, mais de temps en temps, comme outil de réflexion pour faire évoluer son poste.

Trois grands principes de base d'organisation doivent néanmoins rester présent à notre esprit :

– éliminer (penser au Quoi) ou tout au moins alléger certaines tâches,

– regrouper les tâches de même nature, telles que les coups de téléphone, les allers et retours à la photocopieuse (penser au Comment),

– déléguer (penser aux Qui et Comment) :

• ne pas tout garder pour soi, faire confiance aux autres,

• savoir demander, aussi bien aux collaborateurs du patron eux-mêmes qu'à nos collègues,

• utiliser les outils pouvant vous seconder.

LES INDISPENSABLES : PLAN DE TRAVAIL, ÉCHÉANCIER, AGENDA, AGENDA ÉLECTRONIQUE

Voyons ensemble les outils de base d'organisation de la secrétaire.

Le plan de travail (figure 4.8)

On sait ce que l'on a à faire, donc on a tendance à se fier à sa mémoire. Il est pourtant utile d'investir tous les matins (ou tous les soirs) quelques minutes pour préparer sa journée et lister l'ensemble des activités à mener.

Plan de travail du ...	
Heures 8h 8h30 9h 9h30 10h 10h30 11h 11h30	Tâches

Figure 4.8 - Plan de travail

Comment le construire ?

- Lister l'ensemble des choses à faire dans la journée,
- les regrouper par nature,
- évaluer leur durée,
- les reporter sur le plan de travail en tenant compte des priorités.

Grâce au plan de travail :

- vous n'oublierez rien,
- vous prendrez du recul par rapport à vos tâches (une liste écrite est plus fiable qu'une liste mémorisée),
- vous réfléchirez pour établir des priorités,
- vous programmerez vos tâches au moment le plus opportun,
- vous alternerez les activités de façon à respecter le rythme d'efficacité de quatre-vingt-dix minutes,
- vous serez amenée à vous fixer des délais de façon réaliste (grâce aux enseignements de l'auto-diagnostic) sans sous-estimer le temps nécessaire, ni prendre plus de temps qu'il n'en faut,
- enfin, quand l'inévitable urgence surviendra (comme tous les jours !) vous pourrez choisir en connaissance de cause de la traiter immédiatement ou de la différer. Votre plan de travail vous permettra alors d'argumenter de façon constructive pour obtenir des délais ou envisager une autre solution.

L'échéancier

Voici l'outil d'organisation de base des secrétaires. Il ne faut pas chercher à l'acheter sous le nom d'échéancier, mais sous le nom de trieur-classeur numérique.

Il se présente comme un parapheur avec un nombre d'intercalaires allant de sept à trente et un :

- sept intercalaires pour organiser le travail sur la semaine,
- douze intercalaires représentant les douze mois de l'année,
- trente et un intercalaires pour s'organiser mensuellement.

Comment l'utiliser ?

Vous y ventilez au fur et à mesure de leur arrivée chacune des choses à faire en fonction de leur date d'exécution, exemple :

- la fiche téléphone « rappelez X le 18 » est à mettre dans la case 18,
- le post-it « diffuser compte rendu de réunion pour le 18 » est à mettre dans la case du 15, si vous jugez qu'il faut trois jours pour avoir fini.

Tous les matins, en arrivant au bureau, vous trouvez dans l'échéancier à la date du jour tout le travail de la journée (post-it, fiches téléphone et autres, lettres à répondre, à envoyer, relances, etc.). Vous établissez votre plan de travail à partir de ces éléments avec la tranquillité d'esprit d'être sûre de n'avoir rien oublié.

Pourquoi l'adopter ?

Il regroupe en un seul outil vos chemises et corbeilles « en attente », « à faire », « urgent » et les post-it dont vous couvrez votre bureau et votre écran.

En cas d'absence de votre part, votre collègue trouvera à la date du jour les choses à faire et pourra traiter les urgences.

L'agenda

Quand on parle de tenue de l'agenda, on pense le plus souvent à celui du patron. Il est vrai que la gestion de son temps est l'apanage de la secrétaire.

« Quand puis-je le voir ? », « À quelle heure rentre-t-il ? », « À quelle époque sera-t-il dans notre région ? » sont des questions auxquelles vous devez répondre quotidiennement.

Quelques trucs éprouvés

– Notez tout ce que doit contenir une prise de rendez-vous complète :
  • heure (bien sûr),
  • durée prévue,
  • lieu, adresse,
  • nom des participants,
  • numéro de téléphone pour annulation au dernier moment,
– ne confondez pas agenda et « pense-bête », ne le surchargez pas, n'y notez que les rendez-vous ;
– remettez votre agenda à jour régulièrement (tous les matins si possible) avec l'agenda personnel du patron : il peut avoir pris un rendez-vous sans vous en avoir avertie ;
– reportez-y, dès que vous les connaissez, les dates des réunions périodiques : réunion de service du lundi, de direction du troisième mardi du mois : ces réunions régulières peuvent être oubliées dans le feu de l'action ;
– écrivez au crayon, les rendez-vous changent souvent, cela évite les ratures ;
– comptez large pour fixer les rendez-vous, il peut avoir du retard.

L'agenda électronique

Microsoft Outlook ou Lotus Notes, il est surtout intéressant si les cadres jouent le jeu et le mettent à jour régulièrement. On rencontre encore des réticences de leur part. Ses avantages sont pourtant évidents. Quel gain de temps pour l'organisation d'une réunion de visualiser les disponibilités de chacun plutôt que de devoir passer 10 coups de téléphone.

La généralisation des organisateurs électroniques portables (et compatibles avec le micro) permettra peut-être une meilleure utilisation de l'agenda électronique.

POUR ALLER PLUS LOIN : LES OUTILS DE PLANIFICATION ET DE GESTION DE PROJET

Au-delà des outils de base dont nous venons de parler, d'autres outils peuvent être utiles à la secrétaire qui doit suivre la planification de certaines activités : emploi du temps des collaborateurs du service, comme état d'avancement d'un projet.

Le planning

C'est un tableau à double entrée. Une des entrées est forcément le temps (jour, semaine, mois et année). L'autre est variable, en fonction de ce que l'on veut suivre et peut être des personnes, des tâches ou l'occupation d'une ressource (planning des salles de réunion par exemple).

Il donne une vision globale et synthétique de l'information recherchée. C'est une aide visuelle, donc il faut privilégier la couleur et une taille importante.

Quelques exemples et utilisations possibles (figure 4.9) :

	Lundi		Mardi		Mercredi		Jeudi		Vendredi	
	mat.	am	mat.	am	mat.	am	mat.	am	mat.	am
Pierre	Lyon	Lyon	siège	ste x	siège	siège	siège	Lille	Lille	Lille
Paul	Nancy	Nancy								
Christine										
Monique										

Figure 4.9 - -Exemple de planning hebdomadaire : planning d'emploi du temps des collaborateurs

D'un seul coup d'œil, on voit qui est présent. C'est pratique pour fixer les rendez-vous et pour renseigner sur la disponibilité des uns et des autres.

Adopter un surligneur de couleur pour chaque type d'occupation : déplacements en province, formation, congés, etc.

Exemple de planning mensuel : planning d'occupation des salles de réunion

On peut reprendre ce principe pour la réservation d'un matériel en libre-service (poste de PAO par exemple), des voitures de fonction ou autre.

Exemple de planning annuel : planning des congés

La méthode PERT

Il arrive parfois qu'on ait un projet de plus grande envergure à gérer : l'organisation d'une manifestation par exemple ou la sortie d'une plaquette publicitaire.

Bref, un dossier sur lequel les intervenants sont multiples et dont il faudra gérer au mieux les délais.

Nous vous proposons de vous inspirer de la méthode de gestion de projet PERT (Program evaluation and review technic). Il s'agit d'une méthode inventée lors de la mise au point des fusées Solaris. Elle est très utilisée dans l'industrie et de plus en plus dans les services. En outre, l'existence de progiciels de gestion de projet basés sur cette méthode la rend plus facile à utiliser et notamment permet de tracer automatiquement les graphiques qui manuellement sont un peu délicats à réaliser.

En voici une version simplifiée.

Un PERT pourquoi ?

– Le premier «plus» de la méthode est de permettre la connaissance du temps que prendra le projet pour se réaliser. Connaissant la date de la manifestation par exemple, on sait quand doit commencer sa préparation.

– Deuxième «plus» de la méthode : le chemin critique. On appelle chemin critique l'enchaînement des tâches qu'il faudra particulièrement surveiller, parce que tout retard pris dans l'exécution de l'une de ces tâches aura des répercutions sur l'ensemble du projet. Il s'agit de l'ensemble des tâches qui ne peuvent être réalisées que l'une après l'autre et qui représentent le délai total minimum.

Un PERT comment ?

1 - Il faut d'abord répertorier l'ensemble des tâches à mener à bien pour réaliser le projet ;

2 - ensuite, il faudra évaluer le temps que prendra chacune des ces tâches ;

3 - puis, il faudra ordonner les tâches les unes par rapport aux autres dans le temps : on ne pourra, par exemple, envoyer les invitations qu'une fois le lieu de la manifestation choisi ;

4 - à l'aide de ces informations, on remplit le tableau d'analyse qui récapitule toutes les tâches (figure 4.10) ;

5 - on peut ensuite dessiner le réseau PERT qui permet de mettre en évidence le chemin critique (figure 4.11) ;

6 - on dessinera ensuite le planning de GANTT, il s'agit du planning habituel (figure 4.12).

Prenons un exemple simplifié

Le projet «organisation de la participation de votre société au Forum de la profession» comporte huit tâches. Nous les avons listées et avons déterminé pour chacune le délai de réalisation, ainsi que la ou les tâches antérieures et la ou les tâches postérieures (figure 4.10). Attention ne confondez pas durée et délai.

Tâche	Durée	Tâches antérieures	Tâches postérieures
A	6	aucune	B - C
B	5	A	D
C	4	A	F
D	3	B	E
E	7	D	G
F	3	C	G
G	7	E	H
H	3	G	aucune

Figure 4.10 - Tableau d'analyse de l'organisation de la participation de la Société X au forum de la profession.

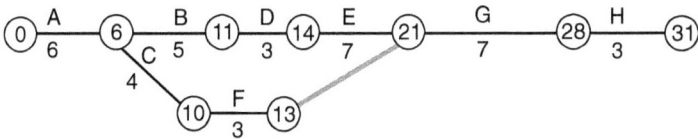

Figure 4.11 - Réseau PERT

Le chemin critique est composé des tâches A-B-D-E-G-H, soit trente et un jours.

Tâches	Planning en jours
A	xxxxxx
B	xxxxx
C	xxxx
D	xxx
E	xxxxxxx
F	xxx
G	xxxxxxx
H	xxx

Figure 4.12 - Planning de GANTT

2. Travailler en équipe : un état de sprit à développer

Le traditionnel binôme patron/secrétaire tend à disparaître au profit de nouvelles organisations dont le secrétariat multiple pour une équipe de cadres.

Alors, êtes-vous à l'aise pour travailler en équipe ? Faites le test « Galère ou équipe ? » Il vous permettra de réfléchir à votre motivation pour cette nouvelle forme de collaboration et peut-être aussi de rectifier quelques-unes des idées reçues que nous avons tous à propos du travail à plusieurs.

Test 7
Galère ou équipe ?

Faites ce petit test pour savoir si vous aimez travailler à plusieurs et vérifiez vos réponses en fin d'ouvrage.

Que pensez-vous de ces affirmations ?

	Vrai	Faux
1 - En cas de conflit dans l'équipe, c'est au responsable de trancher.		
2 - Travailler à plusieurs déresponsabilise chacun.		
3 - Il est impossible de se concentrer dans le bruit.		
4 - Il faut choisir entre être polyvalente ou être spécialisée.		
5 - Dans une équipe, il y a forcément certaines personnes qui se reposent sur les autres.		
6 - Le travail est rarement également réparti.		
7 - On travaille pour tout le monde sans travailler pour personne.		
8 - On reste anonyme donc on ne peut pas évoluer.		
9 - On fait plus souvent les mêmes tâches quand on travaille en équipe.		
10 - C'est plus sympa d'avoir un patron pour soi.		

Deux grands atouts pour travailler ensemble

En effet, l'organisation et la communication sont les deux moyens pour réussir ce pari difficile.

L'ORGANISATION

Grâce à elle, l'équipe assurera un service de qualité, régulier et absorbera plus facilement les surcharges ponctuelles.

Une condition de succès est que l'organisation ait été mise en place (donc réfléchie) par les secrétaires elles-mêmes en tenant compte des compétences et motivations de chacune.

Pensez à mettre en place des outils d'organisation communs :

– échéancier,

– plan de classement,

– logique commune d'organisation des disques durs et disques réseaux,

– bible du poste,

– tableau des polyvalences.

Nous avons déjà parlé de certains de ces outils ; développons maintenant ceux plus spécifiques du travail en équipe.

La bible du poste

C'est un recueil contenant toutes vos procédures ainsi que les renseignements utiles à votre métier.

Sur la page de garde, toutes vos activités y sont recensées et classées par ordre alphabétique :

– accueil,

– archivage,

– classement,

– etc.

A chaque thème, vous ferez figurer :

– la description de la tâche,

- les check-lists (cf. la section «organisation de voyage et de réunion»),
- les outils nécessaires,
- les imprimés utiles (lettres types par exemple),
- les personnes à contacter en cas de difficulté.

Nous vous conseillons de la présenter sous forme de classeur pour en faciliter la mise à jour. En effet, pour être vraiment utile, la bible ne doit pas contenir de documents périmés ou de procédures dépassées.

Pourquoi l'adopter ?

- pour gagner du temps et ne rien oublier,
- pour favoriser la polyvalence : chacune y trouve le descriptif des tâches qui ne lui sont pas habituelles,
- pour faciliter l'intégration d'une nouvelle collègue.

Ce travail peut sembler lourd, mais il présente, en plus des avantages que nous venons de lister, l'intérêt d'être un projet de groupe. Effectivement, pour réaliser un document complet et validé par toutes, il faut l'élaborer en commun. On pourra ainsi le mettre à disposition de tous sur l'intranet ou les disques réseaux.

Le tableau des polyvalences

Il recense l'ensemble des activités du groupe de secrétaires et indique, pour chaque activité, le degré de compétence de chacune (figure 4.13).

On n'y fait pas figurer ce que chacune fait, mais ce qu'elle sait faire.

En cas de surcharge ou d'absence, on sait ainsi à qui s'adresser pour se faire aider ou remplacer.

On peut prévenir toute situation critique : une activité effectuée par une seule personne est effectivement susceptible de poser problème.

A titre individuel, c'est un outil permettant de se situer par rapport à l'ensemble des tâches et des collègues et de trouver des éléments et des arguments pour évoluer dans sa fonction.

Le groupe peut ainsi équilibrer la répartition des activités et compétences, favoriser la motivation de chacune et lui permettre une diversification des tâches.

	Marie-Agnès	Christine	Geneviève
prise de notes	100%	50%	non
rédaction comptes rendus	100%	50%	non
rédaction courrier	100%	100%	50%
renseigner sur activité A	non	50%	100%
renseigner sur activité B	non	50%	100%
renseigner sur activité C	50%	non	100%
faire étiquettes	non	100%	100%
faire un mailing	non	100%	50%
organiser les manifestations	25%	25%	100%
organiser les voyages	100%	100%	100%
organiser les réunions	50%	50%	100%

Figure 4.13 - Exemple de tableau de polyvalences

LA COMMUNICATION

« Toute puissance est faiblesse à moins que d'être unie », Jean de La Fontaine.

Ne pas être passive, ne pas être agressive, dire les choses au bon moment, savoir écouter l'autre, se mettre à la place de l'autre sont les moyens de créer une bonne ambiance au sein de l'équipe et d'éviter les conflits inutiles.

Une équipe cela veut dire : des personnalités, des comportements différents et des humeurs variables. C'est ce qui rend la vie en groupe difficile, mais combien enrichissante.

« Le comportement influe sur le comportement » dit-on. Vous reconnaissez-vous dans cette petite anecdote ?

La collègue de Valérie fait partie de ces personnes dites cycliques. En effet, elle « fait la tête » un jour sur deux et ne fait aucun effort pour être aimable. Valérie décide donc d'adopter le même comportement. Pourquoi, pense-t-elle, serait-ce à moi de faire des efforts ?

Cette situation est stérile et ne peut pas évoluer de façon constructive. Ce n'est pas toujours facile de faire le premier pas, mais c'est faire preuve d'intelligence et de souci d'efficacité.

Quelques conseils

Écouter

Il y a plusieurs formes d'écoute et chacune d'elles a une influence sur la relation de face-à-face.

- _L'écoute sélective_ où l'on n'écoute que ce qui nous intéresse, ce qui alimente notre opinion. Elle peut entraîner une réaction d'étonnement, voire de rejet, car l'interlocuteur comprend que l'on ne s'intéresse qu'à soi,

- _l'écoute partielle_ où l'on n'écoute qu'une partie de ce qui nous est dit. C'est une attitude très fréquente dans les relations de travail. En effet, vous comprenez très rapidement ce que l'autre veut vous dire et n'écoutez pas l'intégralité de ses paroles. En général, vous répondez plus vite que votre ombre ! Soit votre réponse satisfait votre interlocuteur et il vous pense efficace. Soit vous répondez à côté et montrez à votre interlocuteur une mauvaise écoute. Si vous avez cette attitude, on vous dit souvent : «écoute-moi jusqu'au bout !»,

- _l'écoute globale_, c'est écouter l'intégralité de ce que l'on nous dit, sans jugement, en essayant de comprendre le point de vue de l'autre. Attitude à privilégier, car elle favorise la communication.

S'affirmer

- «_Se reconnaître des droits et en reconnaître aux autres_» .
Par exemple, vous êtes en train de rédiger le compte rendu de la réunion XX, votre collègue vous demande de l'aider. Ça tombe mal. Plutôt que de ronchonner, que de dire oui en pensant non, osez lui répondre : «Ça ne m'arrange pas pour le moment» et aidez-la à trouver une autre solution. Cela veut dire aussi : acceptez que l'on vous dise non sans vous sentir remise en cause personnellement.

- «_Oser demander de l'aide_» sans se sentir pour autant incapable de ... et sans craindre d'être sous-estimée par les autres.

- «_Jouer cartes sur table_», c'est-à-dire pratiquer la franchise, ne pas faire de sous-entendus, ne pas parler par allusions. En fait, dire les choses le plus simplement possible, en se basant sur des faits et sans rentrer dans l'affectif (exemple : si tu voulais me faire plaisir, ça me fait de la peine).

- «_Rechercher des compromis réalistes en cas de désaccord._» Lors des situations conflictuelles, inévitables lorsqu'on travaille à plusieurs, s'efforcer de raisonner sur la base de l'intérêt mutuel.

- « *Faire confiance pour obtenir la confiance* ».
- « *Savoir faire des reproches et accepter qu'on nous en fasse* », c'est le point le plus difficile, car c'est une remise en cause de nos compétences ou qualités. La justification est la réaction habituelle alors que l'attitude efficace consiste à accepter la critique comme un élément de progrès.
- « *Ne pas attacher plus d'importance qu'il n'en faut* » aux petites phrases humiliantes ou rabaissantes, ne pas se sentir systématiquement visée.

La communication est un mot qui a fait couler beaucoup d'encre. C'est un ensemble de comportements au jour le jour, et qui demande bon sens et esprit d'équipe. Une bonne communication entre les membres du groupe facilite le travail et quel confort !

Bibliographie

Geneviève Bercovici, Gilda Derouet, *Communiquer et négocier au quotidien*, Éditions d'Organisation, Paris, 1998

Isabelle Jouanin-Périn, *Secrétaire et manager*, Éditions d'Organisation, Paris, 1999.

3. Organiser un voyage

Votre patron est un « pigeon voyageur » ? Ses collaborateurs sont souvent en déplacement ? Si vous répondez oui à l'une de ces deux questions, l'organisation de voyages fait partie de vos tâches et c'est pour vous que nous abordons ce thème.

En général, les secrétaires et assistantes que nous rencontrons aiment bien cet aspect de leur travail, mais manquent un peu d'organisation. Elles sont soumises à des changements de dernière minute et vivent dans un stress permanent jusqu'au retour de leur voyageur.

Essayons ensemble de réfléchir à toutes les phases de la préparation d'un voyage ainsi qu'aux tableaux qui pourraient vous faciliter la tâche.

L'organisation de l'itinéraire et la réservation des moyens de transport

Pour un voyage long, il est nécessaire de faire le point avec votre patron pour définir ensemble son circuit et les personnes qu'il veut rencontrer dans les différentes villes. Pour l'organisation de ses rendez-vous, demandez lui des « fourchettes » horaires pour avoir un peu de latitude avec les moyens de locomotion dans les villes. Cet itinéraire et ces rendez-vous seront validés une fois toutes les réservations de moyens de transports et d'hôtels confirmés.

Pour des voyages de courte durée, faites remplir un imprimé de demande de titre de transport (figure 4.14). Celui-ci doit comporter trois rubriques :

- tarifs spéciaux (exemple : famille nombreuse, abonnement...),
- moyens de transport,
- location de voiture.

DEMANDE DE TITRE DE TRANSPORT ET D'HÔTEL

Nom :   Date :

Prénom :   Téléphone :

Service :

Tarifs spéciaux

Réduction :

Abonnements :

Itinéraire

Aller de :   à :

Retour de :   à :

Avion ❑   classe ❑

Train ❑   classe ❑   repas ❑   couchette ❑

Wagon-lit ❑   1ère cl. single ❑   double ❑   T2 ❑   T3 ❑

Fumeurs ❑   Non-fumeurs ❑

Date de départ :

Heure souhaitée :

Date de retour :

Heure souhaitée d'arrivée :

Location de voiture

Lieu de la location :

Date :

Lieu de la restitution :

Date :

Type de voiture :

Hôtel

Souhaitez-vous un hôtel en particulier ?

Chambre fumeur ❑   Chambre non-fumeur ❑

Autre ...

Figure 4.14 - Demande de titre de transport et d'hôtel.

Pour la réservation des billets, vous vous adressez généralement à une agence de voyages. Un petit conseil, munissez-vous quand même des horaires SNCF pour toutes les grandes lignes (ils sont disponibles dans toutes les gares), ainsi que de ceux des vols les plus empruntés par vos « voyageurs ». Plus vous serez précise dans vos demandes à votre agence de voyages, plus vite vous serez servie !

Quand vous recevez vos titres de transport, n'oubliez pas :
- – de faire des photocopies systématiques (en cas de perte, cela peut être utile),
- – de noter sur votre agenda, ainsi que sur celui de votre voyageur le numéro de billet d'avion ou de train, la date de délivrance, le numéro de place, etc.
- – de mettre dans votre échéancier une note pour confirmer la réservation soixante douze heures avant le départ au plus tard,
- – de conserver une sauvegarde du billet électronique ou une photocopie en cas de billet papier.

	Trajet 1	Trajet 2	Trajet 3
de	Paris	Vichy	Nice
à	Vichy	Nice	Paris
date	18/08/2007	18/08/2007	19/08/2007
heure départ	12h50	19h25	17h15
heure arrivée	15h00	20h40	18h45
Train			
gare	Austerlitz		
classe	1ère		
train n°	8652		
voiture n°	12		
place n°	84		
repas joint	oui		
Avion			
aéroport		Charmeil	Nice
vol n°		832	412
classe			Affaire

Figure 4.15 - Feuille de route

Choix et réservation des hôtels

Vous pouvez passer par votre agence de voyage ou réserver directement auprès des hôtels.

Demandez à votre voyageur ses desiderata. Peut-être connaît-il une bonne adresse ou au contraire a-t-il eu de très mauvais échos de tel ou tel établissement ?

Au fur et à mesure des voyages de vos collègues, constituez-vous un petit répertoire avec les adresses des hôtels ayant donné satisfaction. N'oubliez pas, au retour de vos voyageurs, de faire le point avec eux sur la qualité du gîte afin de tenir votre liste à jour.

Lorsque cela est possible, réservez dans la même chaîne d'hôtels. Cela facilite les réservations et les changements éventuels.

Quelques conseils :

– Dans certains hôtels, on vous proposera des chambres fumeurs ou non fumeurs, soyez prête à répondre.

– Attention à la distance :

• Hôtel <--> aéroport ou gare,

• Hôtel <--> lieu des rendez-vous d'affaires.

– Si l'arrivée à l'aéroport ou à la gare est tardive, réservez un taxi pour le transfert à l'hôtel.

– Renseignez-vous sur la possibilité de restauration (même tardive).

– Demandez confirmation de la réservation que vous donnerez à votre voyageur et faites-en une photocopie pour vous-même.

– Notez sur votre agenda :

– le nom de l'hôtel,

– l'adresse,

– le numéro de téléphone,

– le numéro de fax,

– les dates auxquelles votre patron y séjourne.

Voyage à l'étranger

Voici les points à préparer.

PAPIERS D'IDENTITÉ

Pour les pays demandant la carte d'identité, pensez à vérifier la date d'expiration de celles de vos voyageurs.

Certaines destinations ne sont accessibles qu'avec un visa. Téléphonez au consulat représentant le pays et faites un petit récapitulatif à votre patron avec :

– les documents nécessaires,

– les délais,

– les horaires d'ouverture du consulat.

Pensez-y à l'avance !

Petit conseil : si votre patron doit traverser des pays ayant des incompatibilités diplomatiques, pensez à demander des visas sur feuilles volantes !

SANTÉ

Pour certains pays, des vaccinations sont obligatoires, d'autres conseillées. Attention aux délais nécessaires en cas d'inoculations multiples.

Il existe aussi quelques médicaments spécifiques pour lutter contre certains microbes ou virus (par exemple, le paludisme). Attention à la durée des traitements : certains doivent démarrer quelques semaines avant le départ.

ASSURANCES

Si le voyage se déroule dans un pays de la Communauté européenne, pensez à demander à la sécurité sociale la carte européenne d'assurance maladie. Elle est nominative, individuelle et valable un an, donc vous n'aurez à le renouveler que l'année suivante.

Pour les pays hors CEE, il faut appeler votre centre de Sécurité sociale pour connaître les conventions.

Demandez également à votre voyageur s'il désire prendre une assurance spéciale pour la durée de son séjour (Europe Assistance, Mondial Assistance, etc.).

APPAREILS PHOTO, VIDÉO

Si votre patron doit passer des frontières, n'oubliez pas de lui préparer les factures des matériels tels que appareils photo, vidéos. Ce sera utile pour le dédouanement du matériel.

PETITS PLUS

Contactez votre agence de voyage, le site Web ou l'office de tourisme représentant le ou les pays dans lesquels votre patron doit se rendre. Obtenez les renseignements suivants :

- jours fériés,
- climat,
- sites ou monuments à visiter dans les villes où il se trouve,
- spectacles,
- monnaie du pays et son change,
- heures ouvrables (par exemple en Espagne, l'été, vous ne pouvez prendre un rendez-vous d'affaires à 15 heures. Tout est fermé !),
- numéro de téléphone de l'office de tourisme,
- numéro de téléphone de l'ambassade ou du consulat de France,
- numéro de téléphone de l'aéroport.

Si votre patron a un rendez-vous avec des clients, pensez à lui préparer :

- des cartes de visite,
- du papier à lettre à en-tête de l'entreprise,
- des enveloppes,
- des plaquettes sur la société,
- et bien sûr, tous les dossiers de travail dont il a besoin !
- des petits cadeaux seront peut-être utiles, proposez-le lui.

Le jour « J » arrive et votre patron commence ce voyage tant préparé. Vous n'espérez qu'une chose : que tout se passe bien... qu'il n'y ait pas de surprise....

Nous vous proposons un exemple de tableau synoptique (figure 4.16) qui vous aidera à disposer sur une seule feuille de toutes les informations vous permettant de localiser votre patron en un seul « coup d'oeil ».

Nous vous conseillons d'avoir ce tableau à portée de main et de le diffuser à ceux qui auraient à joindre votre patron pendant son absence (avec son accord bien sûr).

L'organisation d'un voyage est une tâche attrayante si vous vous aidez de tableaux et de check-lists vous évitant les travaux répétitifs (recherche d'hôtel, de numéro de téléphone, etc.). Constituez-vous des listes que vous ferez évoluer au retour de chaque voyage en demandant l'avis de vos voyageurs.

Bon voyage... Pardon ! Bonne préparation de voyage!

NUMÉROS DE TÉLÉPHONE UTILES

Les loueurs de voiture

ADA	08 25 16 91 69
AVIS	08 02 05 05 05
BUDGET	08 25 00 35 64
CITER	01 44 38 61 61
HERTZ	08 25 86 18 61
RENT A CAR	08 91 70 02 00

Centrale de réservation pour les hôtels

Concorde Supranational	01 42 25 25 80
Centrale de réservation inter-hôtel	01 42 06 46 46
Centrale internationale hôtelière	01 42 62 41 22
Resinter (Sofitel, Novotel, Mercure, Ibis)	08 25 01 20 11
Louvre hôtels (Concorde, Campanil, Kyriad, Première classe)	08 25 00 30 03

QUELQUES SITES WEB UTILES

Itinéraires, cartes et plans, tourisme, hôtels et restaurants : le site web du _Guide Michelin_...
www.viamichelin.fr
Un itinéraire « porte-à-porte », calculer kilométrage, coûts...
www.iti.fr
Se renseigner sur les horaires, les parcours, les retards, les grèves, commander ses billets...
www.sncf.fr
Se renseigner sur les horaires, les parcours, les retards, les grèves...
www.ratp.fr
Se renseigner sur les vols au départ ou à l'arrivée des Aéroports de Paris...
www.adp.fr
Réserver une voiture et obtenir des tarifs...
www.hertz.fr ou www.rentacar.fr
Le temps qu'il fera... : www.meteo.fr
L'état du trafic en Ile-de-France en temps réel
www.sytadyn.fr

Hôtels N° tél. N° Fax	« CATALUÑA » 60 80 48 60 80 50		« SHERATON » 46 15 20 78 15 21		« FARO » 54 93 65 54 93 60			« HILTON » 393 10 73/ 393 10 75
Mois	**F É V R I E R**							
Jours	**21**	**22**	**23**	**24**	**25**	**26**	**27**	**28**
PARIS								
Espagne : **Barcelone**								
Madrid								
Portugal : **Lisbonne**								
Argentine : **Buenos Aires**								
Venezuela : **Caracas**								
PARIS								
Heures de départ	20 h 50		15 h 30		18 h 20		20 h 10	
Heures d'arrivée	22 h		16 h 15		19 h 20			6 h 30
Compagnie	Air France		Iberia		Iberia		AR	
N° de vol	612		A. 315		B. 41		836	
Mois	**F É V R I E R**							
Jours	**21**	**22**	**23**	**24**	**25**	**26**	**27**	**28**
Décalage horaire avec Paris								4 h : Hiver 3 h : Été

Figure 4.16 - Tableau synoptique pour déplacements

1	2	3	4	5	6	7	8	9	10
		« HILTON » 92 42 58 92 42 50							

M A R S

1	2	3	4	5	6	7	8	9	10
		14 h 15						23 h 10	
		20 h 35							8 h 20 ROISSY
		AR						AV	
		624Z						Y64	

M A R S

1	2	3	4	5	6	7	8	9	10
		5 h : Hiver 6 h : Été							

* Les heures de départ et d'arrivée sont indiquées en heures locales

4. Organiser une manifestation

Quelle secrétaire n'a jamais organisé une réunion ? Qu'il s'agisse de la tradition-nelle réunion de service du lundi matin ou de la manifestation réunissant plusieurs centaines de personnes, en passant par l'assemblée générale ou le comité de direc-tion, l'organisation de réunions fait partie de ce que l'on appelle les tâches clas-siques de secrétariat.

Comment s'y prendre pour ne pas perdre de temps et ne rien oublier ?

Vous connaissez la check-list des pilotes d'avion qui pointent sur une liste papier toutes les vérifications qu'ils effectuent sur leur appareil avant de décoller. Inspirez vous donc de cette technique aussi simple qu'efficace pour préparer des réunions « parfaites ».

Nous vous suggérons de vous préparer des check-lists d'actions à entreprendre pour chacun des types de réunions que vous devez organiser en vous inspirant des idées que nous vous proposons. Bien entendu, en fonction des cas, certaines des actions que nous énumérons ne seront pas utiles, mais cette check-list complète vous aidera à ne rien oublier.

Le plus pratique, bien sûr, consiste à ne pas lister en vrac toutes les choses à faire. Essayez de les classer dans le temps en fonction de l'ordre dans lequel elles vont devoir être effectuées.

Vous cocherez au fur et à mesure les tâches que vous aurez menées à bien.

La date

C'est la première étape. Il faudra tenir compte pour la fixer des disponibilités des intervenants, des vacances scolaires et jours fériés. Évitez de préférence les lundi et vendredi, jour traditionnels de réunion dans les entreprises.

L'ordre du jour

Il faut l'établir le plus rapidement possible pour pouvoir le communiquer. Pour des réunions ayant lieu régulièrement, vous pouvez faire à votre patron des sug-gestions d'ordre du jour en vous inspirant des réunions précédentes.

La liste des participants

Il faut ensuite établir la liste des participants avec votre patron.

Avec votre micro-ordinateur

Si vous ne l'avez pas encore fait, saisissez cette liste sur votre tableur ou votre gestionnaire de base de données.

Ce fichier, si vous le concevez bien, pourra vous servir à :

- envoyer les convocations par mailing,
- gérer les réponses pour relancer les personnes qui n'ont pas répondu,
- gérer les besoins de réservations d'hôtels,
- éditer la liste des participants,
- éditer la feuille d'émargement.

Le fichier devra comprendre les champs suivants :

- désignation,
- titre,
- nom,
- prénom,
- société,
- adresse,
- code postal,
- ville,
- assistera,
- hébergement.

Le champ **désignation** comprendra Monsieur, Madame ou Mademoiselle.

Dans **Titre**, vous saisirez : directeur de... délégué général de ..

Pour l'adresse, prévoyez trois champs AD1, AD2, AD3, pour les adresses sur plusieurs lignes (lieu-dit, bâtiment).

Assistera sera vide à la saisie du fichier. Au fur et à mesure des réponses, vous saisirez OUI ou NON selon que la personne assistera ou pas. A la date prévue pour la relance, vous sélectionnerez sur ce champ les personnes n'ayant pas répondu (Assistera = vide) et imprimerez soit des courriers de relance par mailing, soit une liste des noms avec les numéros de téléphone, si vous préférez faire les relances par téléphone.

Hébergement : vous y indiquerez OUI ou NON selon que la personne a ou non besoin d'un hébergement. Vous pourrez facilement faire des comptages et communiquer ce nombre à l'hôtel.

Le budget

Votre patron vous a peut-être indiqué un budget pour cette manifestation ? Sinon, il est préférable de lui demander de vous donner un ordre de grandeur pour éviter toute surprise, quitte à en rediscuter par la suite.

EXEMPLE DE BUDGET

Poste	Budget	Réalisé	Ecart
Déplacements			
(train, avion, taxi, voitures individuelles)			
Hébergement (chambres)			
Restauration (repas et pauses)			
Locations de salles			
Location de matériel (vidéo et vidéoprojecteur)			
Sorties- animations			
Conférenciers			
Petits cadeaux			
Documentation, plaquettes, plans			
Hôtesses			

Le lieu de séminaire et les équipements

Dans les locaux de la société ? Dans les salons de l'hôtel proche avec lequel vous avez l'habitude de travailler ? Dans un prestigieux château ? Tout va dépendre du budget et du style de la réunion.

Un conseil de bon sens : ne commencez pas la recherche d'un lieu pour le séminaire à la dernière minute. Plusieurs mois à l'avance pour certaines périodes où les séminaires sont nombreux, comme le mois de septembre par exemple. Ce conseil est d'autant plus vrai s'il s'agit d'un « résidentiel », c'est-à-dire si les participants dorment sur place.

Le guide des séminaires dont vous trouverez les références à la fin de ce chapitre vous donnera une liste intéressante d'endroits. D'autres guides existent, bien entendu.

Ça y est, votre choix se porte sur un lieu de séminaire. Si vous ne le connaissez pas et si c'est envisageable, allez donc le voir. Il y a parfois une grosse différence entre la photo et la réalité, notamment pour ce qui est de l'environnement.

Vous en profiterez pour visiter la salle, le vestiaire, les lavabos.

Vous réglerez avec votre fournisseur la question des équipements : pourra-t-il les fournir ? Sinon il faudra en louer. Il s'agit de paper-board, télévision, magnétoscope, rétroprojecteur, projecteur de diapositives, écran blanc, microphones si les participants sont nombreux. Pourra-t-on faire le noir dans la salle ?

Il est indispensable de prévoir une pause par demi-journée, car sinon l'attention se relâche. Comment vont se dérouler ces pauses ? À quelle heure ? Les participants auront-ils un endroit pour faire quelques pas ? Est-il prévu de leur servir du café, du thé, des jus de fruits, voire des petits gâteaux ?

Met-il à votre disposition une décoration florale ? Pourra-t-on accrocher des panneaux ou affiches rappelant les produits de la société ?

Les participants pourront-il accéder à un téléphone, un fax et à un accès Internet ?

Soignez les menus ; c'est un petit détail, certes, mais qui a son importance. La plupart des personnes aujourd'hui préfèrent prendre un repas léger. Évitez les plats trop lourds ou trop particuliers. Choisissez votre formule : buffet ou repas servi ? Placerez-vous les convives ou se placeront-ils librement ? Demandez à visiter la salle de restaurant. Précisez à quelle heure auront lieu les repas.

Quelle disposition allez-vous choisir pour la salle ? Elle est fonction du nombre de participants et du style de la réunion : conférence ou réunion où tout le monde participe.

Les différentes dispositions de salles de réunion

LA TABLE RECTANGULAIRE CLASSIQUE

Avantages
– Permet de répartir le groupe en
  2 populations distinctes

Inconvénients
– Interdit l'échange généralisé
– La communication se fait avec ses
  voisins et vis à vis proches (on
  tombe dans l'aparté)
– Certaines situations sont privilé-
  giées, d'autres sont à l'écart
– Cette disposition rend difficile la
  communication entre les personnes
  situées aux extrêmes

LA TABLE RONDE OU OVALE

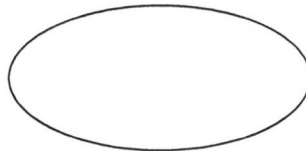

Avantages
– Permet à chacun d'exprimer
  plus facilement son avis
– Pas de situation privilégiée
  (pensez aux chevaliers de la
  table ronde)
– Chacun voit et communique avec
  tous les participants
– Cette disposition favorise la
  communication (spontanément,
  les indiens font le cercle)

Inconvénients
– Nous n'en avons pas trouvé

LA SALLE EN U

Disposition bien adaptée à une réunion de travail ou à une formation. L'animateur peut avoir une position centrale en s'avançant à l'intérieur du U. En formation, il peut intervenir sur le travail de chacun.

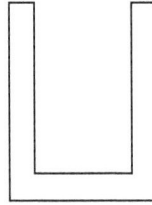

LA SALLE DE CLASSE OU SALLE DE CONFÉRENCE

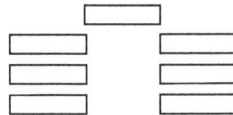

Cette disposition est obligatoire à partir d'une certaine taille de groupe. Elle convient à des conférences, des présentations. Bien entendu, elle ne favorise pas la communication entre les participants et les échanges avec l'animateur. Pour maintenir l'intérêt et l'attention, l'animateur doit veiller à faire participer la salle d'une manière ou d'une autre : questions à la salle, anecdotes, etc.

LA DISPOSITION PAR PETITES TABLES

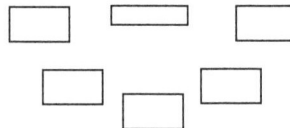

Il s'agit d'une variante de la disposition précédente. Elle ne s'applique pas à de très grands groupes, mais peut s'utiliser avec des groupes d'une centaine de personnes.

Le principe consiste à regrouper les participants par petites tables de 2 ou 3 à 6 ou 8. Les petites tables sont tournées vers l'animateur.

Cette disposition facilite au sein de chaque table des échanges qui n'interviendraient pas en grand groupe.

Les convocations

Elles doivent comporter :
- la date et l'heure,
- l'ordre du jour détaillé,
- le lieu de la réunion. N'oubliez pas d'indiquer les numéros de téléphone et de fax, afin que les participants puissent être joignables. Indiquez le moyen de s'y rendre : station de métro ou RER à Paris, explications à partir de la sortie d'autoroute ou d'une grande ville en banlieue ou en province. Joignez un plan, ainsi qu'une photo du lieu de séminaire si vous le pouvez.
- un coupon réponse : assistera, n'assistera pas, sera représenté par, sera accompagné de.

Les dossiers des participants

Vous y mettrez :
- l'ordre du jour,
- la liste des participants,
- des photocopies des transparents ou des textes des intervenants,
- une plaquette de présentation de la société,
- du papier blanc, un crayon, si ce n'est pas fourni par l'hôtel,
- un chevalet et/ou un badge portant le nom.

Check-lists diverses

Nous vous proposons quelques listes de contrôle. Vous pouvez vous en inspirer, les compléter ou les réduire pour les adapter à votre cas.

Check-list : les dernières vérifications le matin du jour J	
Projecteur de diapositives, ampoule de rechange	❏
Rétroprojecteur, ampoule de rechange	❏
Téléviseur, magnétoscope	❏
Vidéo-projecteur	❏
Écran blanc	❏
Paper-board, rouleau de rechange	❏
Eau, gobelets	❏
Papier blanc, stylos pour participants	❏

Check-list : pensez à emporter avec vous

Dossiers personnels des intervenants ❏

Cassettes vidéo ❏

Feutres paper-board ❏

Feutres pour transparents ❏

Transparents vierges ❏

Petites fournitures (ciseaux, scotch, agrafeuses) ❏

Des plaquettes de la société ❏

Dossiers de participants ❏

Liste des participants pour émarger ❏

Badges intervenants et participants ❏

Chevalets intervenants et participants ❏

Check-list : pensez à poser les questions suivantes lors de votre visite au lieu de séminaire

La salle ❏

Le repas ❏

Endroit prévu pour la pause ❏

Pause par demi-journée (café, thé, jus de fruit) ❏

Pourra-t-on disposer d'un téléphone ? ❏

Pourra-t-on se faire appeler ? ❏

Pourra-t-on recevoir des fax, des e-mails ? ❏

Est-il possible de faire le noir dans la salle ? ❏

Décoration florale ? ❏

Vestiaire ❏

Lavabos ❏

Personnalisation de la salle (logo entreprise) ❏

Fléchage de la salle (si l'endroit est grand) ❏

Check-list des actions à mener

Premier point avec le patron :

    choix des dates possibles, indication de budget ❏

Liste des participants ❏

Choix des intervenants ❏

Prise de contact avec les intervenants :

    souhaits en équipements, besoins de frappe,

    fixation date butoir pour la remise des textes ❏

Choix de la date ❏

Établissement de l'ordre du jour ❏

Visite des lieux de séminaires ❏

Sélection, preréservation ❏

Envoi des convocations avec l'ordre du jour ❏

Première relance ❏

Confirmation salle, restaurant, hôtel ❏

Préparation dossiers intervenants, participants ❏

Dernier point avec animateur, intervenants ❏

Derniers points avec lieu séminaire ❏

Vérification avec la check-list

    « à emporter avec vous » ❏

Visite de contrôle des lieux

    avec la check-list « à vérifier dans la salle » ❏

En guise de conclusion

Sympathique !

Efficace !

Communicante !

Rigoureuse !

Erudite !

Tenace !

Affirmée !

Irréprochable !

Réaliste !

Eternelle... n'est-ce-pas ?

Voici le portrait de la parfaite secrétaire... donc le vôtre, bien sûr.

Corrigés des tests

Test 1
Exercez vos talents d'accueil

1 - Le problème ne s'est jamais posé auparavant, mais nous allons certainement trouver une solution,

2 - Je ne peux pas m'en occuper actuellement, pouvons-nous fixer un délai ?

3 - Je ne traite pas ce dossier. Je vous conseille d'aller voir Monsieur Martin.

4 - Vous êtes effectivement nombreux à me poser cette question.

5 - Ces personnes étaient là avant vous. Ayez la gentillesse d'attendre.

6 - Je suis désolée. Nos bureaux ferment à 17 h 30. Pouvez vous revenir demain à partir de 9 heures ?

7 - Les procédures de notre maison sont ainsi faites.

8 - Je n'étais pas présente lorsque l'incident s'est produit. Pouvez-vous m'en dire un peu plus ?

9 - Vous trouverez le bureau de Monsieur Martin à la première porte à gauche.

10 - Ces renseignements figurent sur l'affiche. Pouvez-vous en prendre connaissance ?

11 - Je ne peux pas vous renseigner. Téléphonez au XX XX XX XX.

12 -
    En quoi puis-je vous aider ?
13 -

14 - Je ne peux pas prendre cette responsabilité. Parlez-en à Monsieur Martin.

15 - Nous avons une surcharge de travail en ce moment.

16 - Le moment n'est pas opportun.

17 - Je ne peux pas prendre cette décision. J'en parle à Monsieur Martin et je vous fais part de son avis.

18 - Madame Martin va suivre votre dossier.

19 - Nous devons avoir une confirmation écrite. Merci de nous l'adresser.

20 - Il y a dû y avoir une erreur. Pouvez-vous me rappeler les faits ?

Test 2
Les incollables du classement

1 - Vrai ! On ne classe effectivement jamais un dossier à « compagnie » ou à « société » en vertu de la norme Afnor de classement alphabétique, dont vous trouverez une synthèse dans le chapitre classement.

2 - Faux ! Les pièces justificatives de TVA se conservent dix années. Cela ne s'invente pas, en cas de doute, demandez à votre archiviste, voire au service comptabilité. Si personne ne peut vous renseigner, procurez-vous l'ouvrage que nous vous recommandons dans la bibliographie du chapitre sur les archives : il contient les durées de conservation de tous les documents d'entreprise.

3 - Faux ! Contrairement à ce que certains pensent, il n'y a aucune obligation légale à enregistrer le courrier. Dans certaines entreprises et notamment des administrations, il s'agit d'une procédure bien établie, mais ce n'est en rien une obligation, et c'est bien souvent une perte de temps.

4 - Vrai ! Effectivement, la lumière altère l'encre des documents. C'est une des raisons pour lesquelles on utilise les boîtes d'archivage pour les documents qu'on souhaite conserver.

5 - Vrai ! Le dossier « Coopérative agricole du Midi » se classe à « Midi » en vertu de la norme Afnor de classement alphabétique, dont vous trouverez une synthèse dans le chapitre classement.

6 - Faux ! Il ne faut pas confondre « bien rangé » et « bien classé ». Classer, c'est organiser les informations pour qu'on puisse s'y retrouver. Un bureau peut donc être « bien rangé », c'est-à-dire en ordre, sans pour autant que les informations y soient « bien classées », c'est-à-dire organisées de manière cohérente.

7 - Vrai ! N'hésitez à abuser des fantômes et à inciter vos collègues « emprunteurs » à faire de même. Tout le monde y gagnera du temps et s'épargnera du stress.

8 - Faux ! Ce n'est absolument pas obligatoire. Si vous utilisez un plan d'archivage, il suffit de faire figurer un numéro sur la tranche de la boîte. C'est bien plus commode de rechercher une information sur le plan d'archivage que sur la tranche de x boîtes poussiéreuses.

Test 3
La norme Afnor au secours du classement

A - Ouest : point cardinal.

B - Sanzot : nom de famille.

C - Walt : premier mot après l'article.

D - Serruriers : premier nom commun.

E - Saint-Maur : nom de ville donc lieu géographique.

F - Pomme : premier nom commun.

G - Eaux : on ne classe pas à compagnie, donc premier nom commun.

H - Francilienne ! c'était un piège : francilienne est considéré comme un nom commun et non un adjectif, c'est ce que l'on appelle un adjectif substantivé.

I - Brasserie : on ne classe pas à société, donc premier nom commun.

J - Nettoyage : entreprise est à exclure.

Test 4
Ami ou ennemi ?

Pour les questions 1 à 6, notez

1 point si vous avez répondu « toujours »
2 points si vous avez répondu « souvent »
3 points si vous avez répondu « rarement »
4 points si vous avez répondu « jamais »

Pour les questions 7 à 10, notez :

1 point si vous avez répondu « jamais »
2 points si vous avez répondu « rarement »
3 points si vous avez répondu « souvent »
4 points si vous avez répondu « toujours »

Faites le total. Si vous avez obtenu :

30 points ou plus

Bravo ! vous êtes une championne du répondeur. Vous savez que c'est un système fiable, rapide pour garder le contact en cas d'absence. Vous vous en servez efficacement et gagnez ainsi du temps.

De 20 points à 30 points

C'est bien, vous êtes sur la bonne voie. C'est vrai que vous êtes toujours un peu déçue de ne pas avoir votre interlocuteur, mais vous savez utiliser le répondeur comme un outil professionnel.

De 10 points à 20 points

Vous n'aimez vraiment pas le répondeur et ne lui faites pas confiance. Préparez votre appel avant de composer votre numéro, cela vous facilitera la tâche. Dites-vous qu'il n'y a rien de plus désagréable pour votre interlocuteur que d'entendre des blancs ou des messages tronqués quand il écoute son répondeur. S'il vous donne la possibilité de laisser un message, c'est pour vous faire gagner du temps et être à 100% à votre écoute. Jouez le jeu !

De 0 à 10 points

Aïe ! Aïe ! Aïe ! Le répondeur est vraiment votre pire ennemi. Entraînez-vous. Si vraiment vous êtes trop surprise, raccrochez. Respirez, décontractez-vous et dites tout haut le message que vous voulez laisser. Notez-le. Recomposez lentement votre numéro et lisez lentement votre texte en précisant vos coordonnées, le jour et l'heure de votre appel. Répétez-vous que cet outil vous fait gagner du temps.

Test 5
Êtes-vous une « pro » des usages épistolaires ?

1 - Faux   Si le nom de votre correspondant et son titre sont courts, vous pouvez les placer sur la même ligne, séparés par une virgule.

2 - Faux   Il faut éviter le mot « sentiment » dans une formule de politesse adressée à une femme.

3 - Faux   C'est au sentiment que l'on croit, pas à l'expression.

4 - Vrai   Cette lettre aura pour destinataire final Monsieur Martin Arnaud, mais sera lue par d'autres, donc : « Messieurs, ».

5 - Vrai   Vous avez le choix, mais si la suscription est placée dans une enveloppe à fenêtre et sert d'adresse, préférez « à l'attention de » juste avant le début de la lettre, dans l'alignement de la marge de gauche.

6 - Vrai   Seulement si vous manquez de place sur l'enveloppe, car il ne faut jamais abréger le titre de son interlocuteur dans le corps de la lettre et dans les formules finales.

7 - Faux   « Cher Monsieur » suivi du nom propre est réservé au courrier publicitaire. Le nom propre ne doit jamais figurer dans l'en-tête d'une lettre d'affaires.

8 - Faux   La Poste recommande de coller toutes les lignes.

9 - Vrai   C'est bien pour le célèbre journal anglais *The Times* que la police de caractères Times a été créée.

10 - Vrai   C'est ce que recommande la norme Afnor de présentation des lettres.

Test 6
Êtes-vous paillasson ou hérisson ?

Comptez les croix dans la colonne des « vrai ».

De 1 à 3 croix

Qui s'y frotte s'y pique ! Bravo ! vous savez dire non.

De 4 à 6 croix

Attention, ne laissez pas le paillasson l'emporter sur le hérisson ! Faites respecter votre organisation.

De 7 à 10 croix

Tout le monde vous aime, tout le monde vous sollicite, mais attention, rappelez-vous : « charité bien ordonnée commence par soi-même » Apprenez à demander des délais. Vous serez crédible dans vos oui si vous savez dire non.

Test 7
Galère ou équipe ?

Comptabilisez les croix dans la colonne des « faux ».

De 1 à 3 points

Être la secrétaire d'un patron vous satisfait pleinement. Vous craignez le travail en équipe. Faites-vous confiance et faites confiance à vos collègues. Travailler ensemble peut être très enrichissant ; c'est une question d'organisation et de communication.

De 4 à 7 points

« Entre les deux, mon cœur balance. » Vous avez un œil sur le passé et l'autre vers le futur. Les deux solutions ont leurs avantages et vous en êtes consciente. Développez vos capacités d'adaptation et tout ira bien.

De 8 à 10 points

Bravo ! vous êtes faite pour travailler en équipe ; vous savez envisager les choses de façon positive. Gardez votre enthousiasme.

Index
alphabétique